完賺投資金律

套利&投資的關鍵

Helping you avoid the wrong way to invest.

亞洲區塊鏈經濟策略大師
羅德 Freedom, Lo 著

國家圖書館出版品預行編目資料

投資完賺金律：套利&投資的關鍵／羅德 著. -- 初版. -- 新北市：創見文化出版, 采舍國際有限公司發行, 2020.03　面；公分--（優智庫69）
ISBN 978-986-271-877-3（平裝）

1.理財　2.投資

563　108022896

優智庫69

投資完賺金律：套利&投資的關鍵

創見文化・智慧的銳眼

出版者／創見文化
作者／羅德
總編輯／歐綾纖
文字編輯／牛菁
美術設計／蔡瑪麗

本書採減碳印製流程並使用優質中性紙（Acid & Alkali Free）通過綠色印刷認證，最符環保要求。

台灣出版中心／新北市中和區中山路2段366巷10號10樓
電話／（02）2248-7896　傳真／（02）2248-7758
ISBN／978-986-271-877-3
出版日期／2020年3月

全球華文市場總代理／采舍國際有限公司
地址／新北市中和區中山路2段366巷10號3樓
電話／（02）8245-8786　傳真／（02）8245-8718

全系列書系特約展示門市
新絲路網路書店
地址／新北市中和區中山路2段366巷10號10樓
電話／（02）8245-9896
網址／www.silkbook.com

本書於兩岸之行銷（營銷）活動悉由采舍國際公司圖書行銷部規畫執行。

啟動財富自由的方法

在現今這個微利時代，我們都知道唯有靠投資，才能替自己賺取薪資以外的收入，在 ESBI 象限裡，無論是在公司行號上班的職員（E），還是擁有高收入的專業人士（S），只要停止工作，收入也會跟著歸零，所以我們必須建構一套自動化的金流賺錢系統，讓自己成為一位企業家（B），才能在沒有工作的時候，仍有被動收入支撐著我們日常所需的花費。

但要成為一名企業家沒這麼容易，除了不斷自發性地學習、精進外，還必須剛好跟上趨勢，才得以建構出自己的賺錢系統。而對於一般的小資族來說，替自己創造被動收入，最簡單且最快的方法，莫過於學會投資（I），利用一些金融商品或項目，讓錢滾錢、利滾利，如巴菲特滾雪球般，快速達到財富自由。

本書作者羅德，他是我最得意的弟子之一，在投資領域上有著非凡成就，積極考取了四張區塊鏈專業證照，是一位難得的有為青年，對幣圈小有研究的他，也確實藉由投資虛擬貨幣，替自己賺了不少財富。

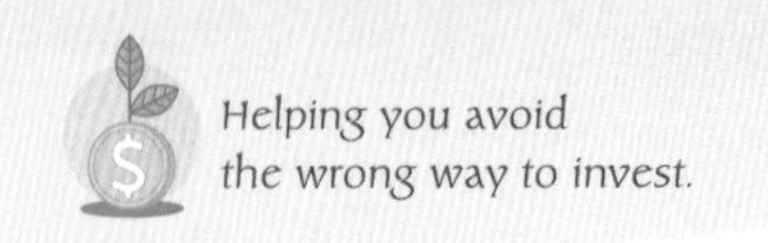

書中闡述為什麼有這麼多人參與投資行為，真正賺到大錢的人卻少之又少，這是因為一般民眾不了解「投資」和「投機」兩者間的差別，總以為挹注資金至某個項目後，便是在進行投資，殊不知自己其實正步入投機市場的陷阱之中。

人性的貪婪，使我們只看見眼前的利益，忽略了其中可能存在的風險，大多數的人只追求獲利，忘了投資的初衷就是要以不賠錢為優先考量，任何投資都伴隨著一定的風險，有些風險因具有不確定性，無法及時預見，所以我們要謹慎地配置資產、妥善規劃，不要把所有的資金都押在單一投資標的上，平日也要養成良好的理財觀念。

本書是分辨投資真假騙局的最佳教材，作者也向讀者分享了如何善用價值型投資法，來替自己創造更多被動收入來源，讀完絕對獲益良多。倘若您在投資的道路上，還找不到方向，實在不曉得該投資什麼才好，您也可以參與書中分享的懶人投資計畫，協助您達到財富自由，尤其是對剛出社會的年輕朋友們，非常實用。

比特幣教父｜王晴天 Jacky

賺錢時刻

未來趨勢全指向大數據、AI 人工智慧及區塊鏈，這些新科技帶動著產能提升，使全球市場供需產生變化。人們現在對物質的需求，處於供給過剩的狀態，以中國汽車產業為例，其銷售業績明顯下滑，在產能過剩的情況下，民眾一般已賺不了什麼大錢，在儲蓄方面也無法獲得收益上的滿足，市場上因而不斷出現、充斥著那些高報酬、高回報的投資項目。

這類高報酬的投資項目，大多以豐厚的利潤作為誘餌，讓不知道其中蹊蹺的民眾躍躍欲試，認為自己終於有個翻轉的機會；且這些多賺點錢的想法，不分各行各業、各社會階層，那些高知識分子，諸如醫生、律師等，即便有著聰明的頭腦，也同樣淪陷下去，積極尋找管道投資。

而這些高報酬投資，不禁讓我聯想到近年吵得沸沸揚揚的公教人員 18%優惠定存，到底為什麼會有這 18%呢？我印象相當深刻，當時台灣正處於經濟起飛階段，任何產業都很賺錢，但公務人員無法像民營企業的員工領取高薪資、獎金，政府因而決議給較無競爭力的公務人員一份最低的保障，讓他們退休後得以過上安穩的生活。

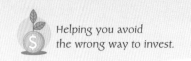

可是隨著時代的變遷，銀行定存利率早已不同以往，現今存款利率只有 1％左右，無法回到當年 7％的盛況，致使民眾尋找不同的投資管道，想賺取更高的利息收入，完全不曉得自己竟已迷失在這投機心態之中。

在投資領域裡，每個人的初衷都一樣，不外乎是想提早享受財富自由、賺取更多的報酬，一昧地追求眼前利益，忽略了背後的風險及不確定性，所幸羅德是一位價值型投資者，他的投資以不賠錢為原則，採取少賠就是多賺的策略，不追求大起大落的賺錢模式，深信按部就班絕對能替自己賺進第一桶金。

即便我也涉略過許多新型態的商品，但在投資這塊還是得向羅德請益，他的投資秘訣，其實就是運用反脆弱中的凸性效應，謹慎挑選好的投資標的，並做好風險管控，該項投資的虧損是有上限的，反之出現報酬、獲利時，上漲則是無限的。總之，只要有關投資方面的事情，找羅德準沒錯！

亞洲八大名師｜吳育宏 James

這本書若能早點問世，該有多好！

威廉年輕的時候，就對市場上一些吸金、詐騙的局有著獨特的偵測能力，好似我天生第六感強烈，嗅得出某些資金盤帶有「陷阱」的氣味，相當慶幸自己行走江湖多年，始終能閃過這些「盤」。

雖然自己總能閃過，但周遭的親朋好友卻不見得有這樣的洞察力，往往每隔一段時間，就會聽到身邊的人分享自己不小心陷進某個「坑」中，荷包重創，災情十分慘烈，每每聽到都替他們感到難過和惋惜，可是又有什麼辦法呢？因為陷阱跟機會僅一線之隔，兩者難以分辨，我們害怕吃虧上當，相對地也害怕錯過機會呀！

所以威廉心中始終有一個想法：「倘若市上有一本分析各種投資項目的書，讓民眾不再那麼容易中招就好了。」奈何這樣的事情不大有人願意做，畢竟沒有人想做這種吃力不討好的事，更可能因此得罪人、擋人財路，替自己招惹一些麻煩事。

但就在最近，我發現有位勇者出陣，身為「資深受害者」的他，大膽且見義勇為地將過往被騙的經驗寫成一本書，與社

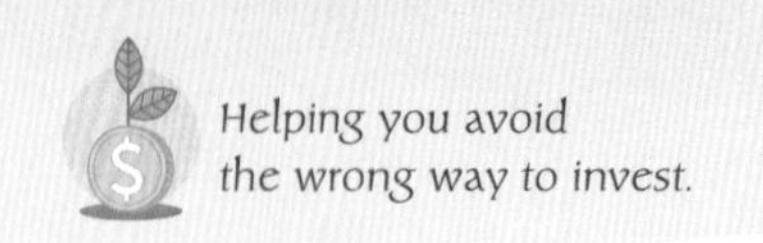

會大眾分享，更針對各種不同型態的騙局、資金盤進行深度解析，為讀者們揭露一切，其內容之辛辣，用一針見血還不足以形容，可謂一針噴血！

倘若此刻因為某個機緣，您正巧拿起本書翻閱，千萬不要猶豫，就把這本書帶回家吧，而且最好多買幾本送給朋友們，因為您這幾百元的花費，很有可能讓對方少損失幾百萬甚至是上千萬！

威廉誠摯地祝福本書大賣，不只成為暢銷書，更成為長銷書，造福眾人。

若水學院創辦人｜威廉 William

真正的以小博大

在這資訊爆炸的時代，尤其是在亞洲地區，經常聽到或看到一些偏門的投資商品或方案，新聞上也常報導 XX 項目吸金多少億、惡性倒閉，受害者求償無門，但即便很多人受害，每年還是有一堆人加入、受騙，這是為什麼呢？

因為大多數的人都抱持著投機取巧的心態，希望能在最短的時間內賺到快錢，畢竟市場上根本沒有合乎法規、又能快速收益的投資商品，且對於沒接觸過的新手來說，這些獲利相當誘人；但對老手而言，真假項目不是他們考量的重點，他們只在乎是否有賺到錢，並安全下莊。

不管哪個產業的市場，都有其特殊的生態，在金融產業莫過於資金盤及龐氏騙局，全世界每年都會有上百、上千種推出，種類制度繁多，更不斷進化，讓人摸不透。我就看過很多人在裡面賠到傾家蕩產，當然也有人賺幾千萬、幾億，但這些錢財大多來得快去得也快，難長久。

因此，在投入任何資金前，一定要先問問自己，要是這筆錢賠掉了，會不會影響我的生活？金融業沒有永遠賺錢的項

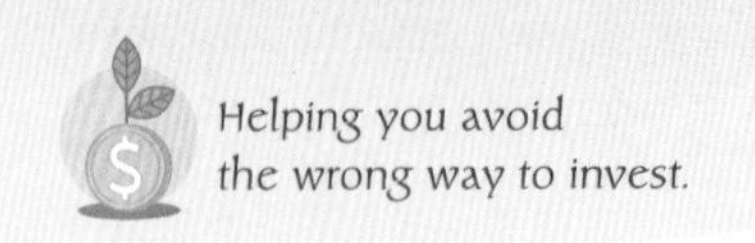

目，能走多久沒人知道，主要看投資者和市場狀況，其他差別則在於誰將金融商品包裝得較好，能讓大眾買單，願意投入。

對我來說，資金盤就是一種高報酬但又高風險的金融遊戲，錢不會無緣無故變多，只有誰先賺誰後賠的問題，通常只有兩、三成的人賺錢，七、八成的人其實都在賠錢。在這個圈子八二法則也相當適用，大家都在賭自己不是最後一個，若您能接受這樣的條件，那投資後就要願賭服輸，因為資金一般很難拿回來，「您要他的利，他要您的本」就是這個道理。

所以，不要聽到別人在裡面賺了多少錢，就一味地盲從跟隨，時刻告訴自己「那是別人，不是我」，很多話不完全都是真的，且這個產業也不是別人行，您也理所當然可以的，我們必須學會自己分析、判斷，懂得小心求證，如何少繳一些學費和冤枉錢，才是真正的以小博大。

在加入某項目時，理性的分析和判斷必不可少，我真心向各位推薦本書，能協助您在猶豫或評估時做下決定，考量投入的時間或挹注的資金比重，甚至是避免禍事發生。

虛擬貨幣分析師｜林子豪 Tiger

藝術從創意取勝而不是技術

畫、藝術已漸漸滲入我們的生活之中，反映著我們對周遭事物的靈敏感知度，也改變著人與人之間表達溝通的方式；且經由網絡的傳播，人們對藝術的共鳴度大大提升，不管是書、雜誌、媒體及行銷活動上，大家開始會注意到視覺的呈現，不僅要多元還要炫目，對「插畫」更是習以為常。

畫畫不再像從前，只注重技巧、單純畫得好看就好，現在的畫作講究滿滿的創意，我們稱之為「藝術」，畫者必須打從心底就先認同自己是與眾不同、獨一無二的。無論是簡單、複雜、黑白還是彩色的呈現，都是畫者創意的延伸，沒有好壞，畫家主要希望欣賞者能藉由畫作產生共鳴，了解作畫者在揮毫時內心的情感和想法；因此，倘若畫家都不認同自己的作品，又要如何讓更多粉絲支持您，認同您對「藝術」的看法呢？

在與羅德合作前，龐氏騙局也充斥在我生活周遭，身邊有許多親朋好友因為參與其中，而失去金錢、家庭，一時的「貪婪」，致使他們在一念之差下變得一無所有，因而對該議題有些許感觸。

為此，我特意創造了一個人物，以它來表達我多年接觸投資所看見的黑暗面，不管是圈錢的手法、表情，還是背後的偽善，我都盡我所能地一一刻畫出來，構圖可能簡單，但隱含著我內心深深的嘲諷。我也希望讀者能因為我的插圖，讓閱讀「有趣不乏味」，又學到如何規避不肖資金盤或龐氏騙局，深刻了解其中的運作原理，以正確的理財觀念，來選擇良好的投資標的，替自己創造被動收入。

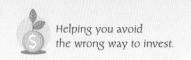

江亞珉 Kimi

以 LOGO 設計、手繪 Q 版人像創作、電繪多元創作為主，作品夢幻、黑暗、獵奇和詼諧等風格。更多作品請至……

FB 粉專「勿入奇圖」
Instagram「勿入奇圖」

投資，先求穩再求飆

首先，感謝王晴天博士及魔法講盟各位學長姊的協助，這本書才得以順利完成。

我們都知道現今銀行的存款利率很低，以致人人都在思考該如何增加收入來滿足生活或過上更好的生活？因而發現近年市場上出現一種高報酬的金融商品，不管它是一個投資項目還是投資平台，這類保證獲利的金錢遊戲（Money game）都統稱為「資金盤」。

投資的初衷不外乎是讓自己多賺點錢，但往往因為資訊不對稱，致使自己不小心栽進投資陷阱，跌入萬丈深淵。表面上看似找到好的投資項目，感覺替自己多賺了點錢，殊不知真正的內幕是在替人填坑，別說領高額利潤了，最後可能連當初投入的本也拿不回來；但如果這些事情我們早知道，又怎麼會跳進這項投資之中，對嗎？

我還要感謝協助我完成本書的插畫家 Kimi，她的插圖讓我第一本著作更生動有趣，增添許多閱讀性，使我在撰寫時充滿動力，盡我所能地將自己走過的冤枉路，分享給正在投資或已在投資路上的朋友們，協助您們瞭解投資的背後可能有著哪些套路，以免上當受騙。

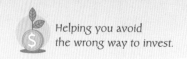

內文架構分為四大章節，從風險最高的投資項目「資金盤」探討，讓讀者理解為何資金會一去不復返、全面皆輸？其實我們都在賭自己不是那根最後的稻草，天底下沒有什麼穩賺不賠的項目，只要是投資，勢必伴隨著風險，倘若聽到某動人的項目，我們就糊里糊塗地參與投資，最後可能落得血本無歸，如果真有那種好康沒風險的投資，不就人人都是巴菲特嗎？

次之談論現今最熱門的虛擬貨幣商品，不肖份子常打著比特幣的名目，利用資訊的落差來以假亂真圈錢，且虛擬貨幣市場波動較大，風險相對較高，不難發現當市場行情好時，老師就多起來了，而市場行情低迷時，那些老師又變得寥寥無幾，所以我們也應對此項目有著充分的認識。

最後介紹傳統一步一腳印的投資理財策略，以安穩不賠錢為理想目標，有穩定性的被動收入後，再藉投資來達到財富自由。時刻提醒自己：「投資市場上沒有專家，只會有輸家及贏家。」試著增加投資的勝率、降低賠率，就算只是小賺，您也是投資贏家。

在此感謝創見文化出版社各位前輩們，謝謝您們對本書的細心排版與用心指導，讓本書順利誕生，解決多數人對投資上的迷惘，人人都不喜歡吹噓、誇大的投資項目，只希望能有個安心的投資，讓自己擁有持續性的被動收入，對嗎？

如果您覺得本書內容不錯，也歡迎您多買幾本書，送給那些只追求高報酬、忽略風險的朋友，看了本書後，我相信他們一定會很感謝您的提醒與關心。在此祝大家都能在投資路上發大財，謝謝。

羅德

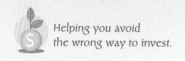

前言

迎向偉大的航道

2008年夏天，筆者和其他同學一樣等著畢業、領取大學文憑，那時的我不斷思考著出社會要找什麼樣的工作？我唸的是國際企業管理系，閒暇之餘經常到圖書館借閱書籍來看，還記得接觸到的第一本理財書就是《富爸爸，窮爸爸》，對我人生的財務規劃上，有著很大的啟發。

一般人大學畢業後，大多會找份工作，領著固定的薪水生活，偶有例外，但這日復一日、年復一年的上班族日常，我實在無法忍受，且坐在辦公室就只是為了那份薪水，我每天都提不起勁，那份薪水說多不多、說少不少，可能餓不死，但也不會讓我變富有，於是我開始研究各類投資理財的資訊，希望能藉由各項投資商品達到財富自由。

還記得2008年美國次級房貸爆發前，銀行的存款利率其實都還蠻高的，以台幣定存來說，當時一年期還有2.6%的水準，也就是說，如果我在銀行存100萬，那一年會有2萬6千元的利息收入，而這多出來的收入能為生活帶來一些小確幸，每年換一支新手機？犒賞自己出國旅遊？或是拿來購物？

這多出來的利息能讓部分消費都是免費的，證實《富爸爸，窮爸爸》書裡提到的生活是確實可行的，我也深深認定投資、靠錢賺錢便是達成財富自由的關鍵。

當時銀行定存利率 2.6%，但新台幣相較於國外貨幣明顯缺少競爭力，考量到利率的成長，我最後選擇較熱門的南非幣來定存，才剛投入 3 個月，利率就提升到 8.8%！是的，不要懷疑，只要您把 100 萬台幣換成南非幣，放在銀行一年，您就能多得 8 萬 8 千元的利息收入。

當然，以上試算不考慮匯率的波動，若將 8 萬 8 千元的利息除以 12 個月，那一個月收入少說也 7 千元以上，這樣是不是很動人？又假如我手上有 300 萬，全數換成南非幣來投資，那我服完兵役退伍後，其實也不用去上班工作了，因為每月養出來的利息有 2 萬 2 千元左右，等於先前廣受討論的 22K 薪資，雖然現在最低薪資有調整，但畢業若能靠投資過活，為何要勉強自己去做不喜歡的工作呢？

結果事與願違，2008 年下半年度美國次級房貸爆發，各國政府為了救經濟，利率就像降落傘一樣一路下墜，不停地狂印鈔票挽救市場，國際原油價格從每桶 150 美元，一路下跌至 40 美元，全球景氣進入寒冬，當時恰好是 2008 年冬天，想起來著實諷刺。還記得筆者當時正在台北當兵，而筆者是台中人，那時搭乘客運兩地往返竟只要 88 元，如此低迷的景氣，

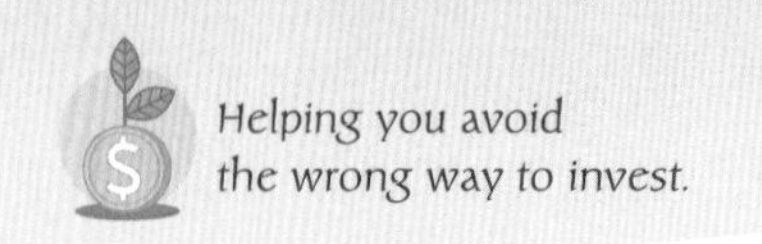

令人餘悸猶存，政府還大舉發放消費券，刺激市場活絡。

景氣好的時候，單靠儲蓄來達成財富自由，是一件相當容易的事情，當然也是因為我掌握住投資就是錢替我們賺錢的概念，除此之外，沒有更快獲利的管道了，在《富爸爸，窮爸爸》一書中所提到的 ESBI 象限，我對於 I 象限特別感興趣，也很幸運地在近幾年中，發現許多不錯的投資項目，因而能順利達成當時設下的月領 22K 的投資目標。

若您也想跟筆者一樣賺取被動收入，達到財富自由，趕緊翻開下一頁繼續看下去吧！

Chapter 2 零和遊戲，比特幣終將走向滅亡？

Chapter 3 追求穩定報酬，創造被動性收入

Chapter 4 完賺投資祕笈，夢想啟程

Chapter 1

與神同行，聽了格外諷刺

1 錢滾錢、利滾利，保證獲利！

物價不斷上漲，30 年前一碗陽春麵只要 15 元，現在卻要 35 元才吃得到！在現今通貨膨脹的時代，把錢存在銀行只會越存越窮，你曾聽過有人單靠銀行儲蓄，就變成富翁的嗎？有錢人都是以利滾利、用錢來致富，賺取工資或省吃儉用早已不合時宜，月領 30K 光日常開銷都不夠用了，你還能怎麼省呢？

筆者當初退伍時跟一般人一樣，想找份安穩的工作，先充實手中的資本，再試著投資，我想多數人的想法一定都跟那時的我一樣，每個人都想找個好的投資管道賺進白花花的鈔票。朋友也向我推薦一個操作簡單又是高獲利的投資機會，我當時以為他喝醉酒在那說渾話，但他越講越起勁，說那個投資項目每月至少有 20% 以上的利息收益，不用半年就可以回本，投注的本金越高，賺得自然越多。

我就心想，那不正是讓自己翻身的大好機會嗎？而且又是保證獲利的項目，讀者們可以試想，每月 20% 的獲利是什麼概念？假設我投資金額為 100 萬，那我每個月不就能領到 20 萬的利息收入嗎？這樣聽下來確實是相當豐厚的收益對吧，不然上班族一個月薪水才領多少呢？更何況有句俗諺說「人兩腳，錢四腳」，錢怎麼樣都不足、不敷使用。

有誰不想讓家人過上更好的生活？誰不想買高級房車？誰不想買豪宅、住大房？如果不用工作就可以有收入，讓我們環遊世界，那真是再好不過的事了，這才是真正財富自由的人生。

朋友的那番話打入我的痛點，直中我心，我所追求的投資方式，便是以錢滾錢、利滾利為初衷，還有什麼機會比這更好賺呢？假如我去貸款，投注高額的資金下去，拿回來的利益更多！

假設我向銀行貸款100萬，信貸利息以一年4%來算，一個月可以賺20%的利息，一年就有240%，而這240%再扣掉本金和貸款成本（240%－100%－4%），我還現賺136%，等於多拿了136萬現金，我不用做任何事情，每年就有136萬的收入，那是件多美好的事情呀！

而且，如果我分享、介紹給其他朋友，還能獲得10%以上的獎金，至於獎金的多寡則視對方投注的金額決定，如果他跟我一樣挹注100萬，那我就能得到10萬元獎金（100×10%），也算一筆不錯的收入。

但天底下真有這麼好康的事情嗎？想當初筆者唸書打工，

那時工讀時薪也才 75 元，而且還要在太陽底下做苦工、勞動，投資卻可以什麼事都不用做，就年年爽領高額利息收入，這猶如神一般的項目到底是什麼？答案就是——資金盤。

不管你投資的項目是電商還是網賺，這種投入資金後什麼都不用做，便能獲得高額回報的項目，統稱為資金盤。朋友極力的推薦，讓筆者稍稍省思了一下，這高報酬、高回報的項目背後，會不會有著不為人知的陷阱呢？但我最後仍抱持著「不入虎穴，焉得虎子」的心態，因為要是一開始就將資金盤拒於門外，可能因此錯失賺大錢的機會。

太陽升起

在朋友的引薦下，我參加了這類型的投資說明會，台上的演講者說公司懷抱多遠大的願景，正一步一腳印的實踐中，有房地產和銀行、黃金……等琳瑯滿目的投資類項，每隔幾個月就推陳出新，但講白了僅是換湯不換藥而已。

當然，並不是一間公司包套所有的投資項目，有可能 A 公司主推房地產，過一陣子又有間 B 公司出現，提倡互聯網經濟，同樣以獲取高報酬的說詞來吸引投資者，用馬雲的成功哲學來說服眾人，諸如「最新的商業模式一般人看不見？要不就是看不起？又或者根本沒看懂？等看懂都已來不及了……」

這都是激勵投資者的話術，不然誰願意捧錢急著加入呢？

▲公司大勢宣傳，營造產業結合，互聯網＋各產業。

造山運動式的宣傳影片，產業結合虛擬貨幣或是互聯網＋實體產業……等，塑造一系列的願景，訴說著這些絕對是未來的大趨勢，並要台下聽眾思考自己一個月才領多少薪水，是大學起薪 24K ？還是工程師的 40K ？若當上主管階層也了不起調薪至 60K 左右，請問這樣到底要賺多久才能發大財？現在提供兩條路給聽眾選擇……

一，跟著我賺大錢。

二，看著我賺大錢。

你選哪個？

演講者在投影屏幕上秀出生活照，跟台下的人分享自己去吃多高級的餐廳、開著最新款的高級跑車，更與富人為鄰，買下內湖哪處豪宅，說著說著又從公事包中拿出一疊千元鈔票擺在講桌上，筆者當時看那一疊鈔票的厚度，少說也有100萬現金；更令人難以置信的是，演講者還說這是昨天的收入，不擺明在炫富嗎？

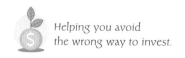

聽完這場說明會，台下的人開始懷疑人生，想著世上真有這麼好康的事情嗎？難道是天上掉下餡餅？撩撥著我們內心深處的貪婪。看到這，你是否也跟筆者一樣思考著，這些話術、詐騙手法不勝枚舉，看似在吸金、又像演講者在替自己洗錢，但如果這是違法的，警察為什麼不抓呢？是否遊走在法律邊緣，處於灰色地帶？

▲投資後每月穩賺20%，吃大餐、炫富、買跑車、住豪宅。

羊群效應

其實每個資金盤一開始都會預先設定一個數值，有一定的利潤空間和可控制的泡沫，這些風險因素都會設在公司可掌控的範圍內，但公司獎金如果不小心超發，又或是超開多個帳戶，擴大資金流入，就會致使泡沫加速膨脹，最後將走向滅亡。

這種說明會受到眾人的質疑也屬正常現象，起初一定會有人質疑這是否為詐騙，這時已加入的人就會反過來問你：「我這不就有賺到錢嗎？你看我手上戴的名錶難道是假的嗎？我也確實買跑車了，上次新房入住的派對也有邀請你來參加，難道這一切都是假的嗎？」看到對方所擁有的一切，你也默默加入了。

之後，反過來變成你告訴朋友這是真的，因為你也賺到錢了，且不但賺到錢，你還會投入更多的資金，企圖獲得更豐盛的回報，並推薦給朋友，就像朋友之前介紹給你一樣，而推動這一切的幕後推手，無非就是人性的貪婪。從一點點的好處開始，慢慢將你的胃口養大，進而產生盲從行為，接著就會有一群人爭先恐後地想加入……看，這一連串的過程有多完美！

▲上線當規範，這是真的！

現在讓我們來看看資金盤上經常看到的現金流故事吧，1,000 元便能將整個市場活絡起來。

一天午後，某小鎮來了一位觀光客，這名旅客抵達今晚準備過夜的旅館，他事先在網路上預付了 1,000 元訂金，到現場再看看有沒有喜歡的房間，若有喜歡的房型才決定入住。旅館一收到對方預付的訂金後，突然想起之前還欠市場豬肉攤 1,000 元，便將錢先拿去還給肉販，而肉販拿到旅館的欠款後，拿去結清先前購買豬隻未支付的 1,000 元。

收到 1,000 元的養豬場，又將這 1,000 元拿去買豬飼料，錢就這樣轉到了飼料商手中，說巧不巧，這飼料商之前曾到那間旅館住宿，又這麼剛好現金不夠，賒帳了 1,000 元，便拿去還給旅館。這時，房客看完房間了，沒想到他對房間不甚滿意，決定換家旅館，請旅館將 1,000 元還給他。

各位有沒有發現一件事？這一切看似什事都沒發生，卻解決了所有人的債務問題，是不是很神奇呢？

旅客→旅館→豬肉攤→養豬場→飼料商→旅館→旅客

依筆者淺見，若說 1,000 元活絡了市場，並還清所有人的債務是不正確的，魔鬼就藏在細節裡，你是否有發現在這故事中，大家其實都有個共通點，那就是每個人都剛好有份價值 1,000 元的應收帳款未入帳，因此，故事中的人只是拿原本屬於自己的錢去償還債務而已，根本沒有真正創造市場的經濟價值，整個過程只是在流通貨幣罷了，真正投入價值的只有那位旅客，假如當中有某個人舉債超過 1,000 元，那結果肯定不會這麼完美，金流循環勢必會卡在其中一個環節。

以假亂真

這麼好賺的投資，不知道大家是否有仔細想過呢？這些資金盤的宣傳廣告，其真實性到底是什麼？這些影片有沒有可能是他們自己在操弄、製作，自導自演的呢？行銷誰不會做，這種畫大餅式的手法，一直強調能創造多好、多高的獲利奇蹟，但請問這些獲利到底從哪裡來？

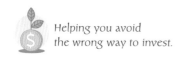

這類公司不敢公開他們的營運狀況，一切的優點都是他們自己說的，老王賣瓜自賣自誇，號稱結合實體產業，不禁讓人懷疑當中的合法性，以及是否真的有對接，且產業間的結合、媒合是如何定義的呢？還是這只是個幌子，查證後赫然發現根本無此投資項目，要不就是正在籌畫中，遲遲無下文。

好，就算真的有合作關係，做生意又怎麼會有穩賺不賠的道理呢？賠錢了又怎麼辦？假設現在有一間公司推出自己的虛擬貨幣，宣稱該幣已正式與商家對接，不斷對投資者畫大餅，起初合作大多是愉快且順利的，畢竟各取所需，有利可圖的事情誰會拒絕？但只要其中一個合作方沒收到帳款，對方就不會想再繼續合作，那投資人手上的虛擬貨幣便無法流通，原本用來消除泡沫的幣，將不再有任何價值。

出不了金，也沒有店家要收，這一切到底是他們太聰明還是我們太好騙？公司一開始所設的實體消費模式就是打算來消除這些泡沫用的，藉由投資者與商家購物、消費，讓自家發行的虛擬貨幣有流通價值。

一般公司虛擬貨幣的價值會高於法定貨幣 25%，意思是如果一間咖啡店的咖啡賣 100 元，用虛擬貨幣支付時，就要

125 元才能購買，那其中的 25% 被誰賺走了？其實沒有人賺到這 25%，因為虛擬貨幣貶值 20%，只有八成的購買力。

推出虛擬貨幣的立意其實很好，但人往往有顆貪婪的心，久而久之便不想用這來消費，乾脆直接跟商家洗錢、換取現金，這樣操作其實也不至於讓公司體系的崩壞，而是有心人士用手中持有的虛擬貨幣，再次購買該虛擬貨幣，因為公司當初保證給付 10% 以上的利潤，甚至更高，以致金流體系徹底瓦解。

有誰投資會不想要這逾 10% 的保證分潤？但你有想過這 10% 的保證獲利從哪裡來，公司從哪得到這些分紅嗎？勢必要有新投資者購買虛擬貨幣才行，公司才能將獲益以獎金的方式分紅予你，但獎金根本不是公司賺到的錢，主體架構因而容易崩壞。

合作的商家們，剛開始配合時，每個禮拜都能順利將虛擬貨幣兌換新台幣，因而有越來越多店家願意與公司合作，但只要公司開始出現資金上的困難，便改成隔週才能結匯，甚至是月結，且之後可能又會改變規定，限制店家能兌換的虛擬貨幣上限，一個月只能換取 10 萬的定額，超過一概不能交易。

當店家兌換現金變困難，他們就不願意繼續合作了，那這虛擬貨幣也不再具有價值，但公司又必須持續支付你原先答應的 20% 收益……這樣你知道問題在哪了嗎？

▲店家收不到款，盤開始呆滯，出金困難。

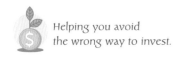

失控

如果我一味地跟你說這東西的好處，卻句句不提它背後可能存在的風險，請問這算詐騙嗎？

每項投資產品一定都有風險，但我們往往會忘記高報酬的背後，勢必伴隨著高風險，一味地追求獲利、獲利、再獲利！而店家收到的虛擬貨幣無法準時匯兌時，整間公司的金流將開始惡性循環，侵蝕到獎金體制；當公司無法順利發放獎金，就會開始設法變更當初設定的制度，使出金變得困難，甚至使出網站維修、無法進入網頁等方法，只為了拖延資金發放的時程，任何荒謬的理由都說得出口。

當然，投資者也不全然是笨蛋，只要有人開始覺得不對勁，嗅出一點危機，那該投資項目便會開始陷入恐慌，不再有人願意入單，這資金盤也如同死棋一般，無法再移動任何一步，那最終就是走向崩盤，有些惡質的公司甚至會直接將平台關閉，也就是市場上俗稱的關盤或是拔插頭，再也找不到與這間公司有關的資料及員工，投資者只能摸摸鼻子認栽，自認倒楣、黯然收場。

可憐的投資者無處喊冤外，旁人還盡道些投資本就有風險之類的風涼話，告訴投資者加入前應謹慎評估，不要利慾薰心，因貪心而導致這樣的結果發生……我的天啊，起初投入還有賺錢的時候，大家可不是這麼說的呀，現在怎麼又全都改口了呢？

▲笑裡藏刀，一直避開風險話題。

▲出不了金後，理由花招百出。

▲盤漸漸死了，人性出現。

迷思

資金盤充斥著無奇不有的話術，諸如錢不是賺來的，是變出來的……現在每每想起就想笑，筆者從來都不知道錢有這麼好賺，也真是大開眼界了。那時的我總是在想，早期參與資金盤和那些一直在這圈子打轉的人，難道他們都沒想過這擺明是一場騙局嗎？為何無法認清事實，一直深陷泥沼中，如此徘徊不願跳出去呢？

筆者想了好久才想通這個道理，因為資金盤這樣的賺錢模式，對他們來說是賺得最快且最多的，再也找不到比這更好的投資，所以寧願持續待在泥沼之中，只要自己不是最後一隻老鼠，那就一定有賺頭，而且還是爽賺！

假設這盤棋大約有半年左右的出金都是順利的，初期的體制也很健全，只要搶在剛開盤沒多久便加入，長期待在這圈子的老手佔據「天時」，握有資訊優先權，搶先獲利，賺飽後時間也差不多了，便開始籌劃退出、尋找下一個盤，永遠都是那個獲得利益的人，吃虧的都是我們這種天真的投資者。後期加入的人，資金盤早已過了相對的安全期，先前加入的人已經賺得很飽，資金盤體制開始惡化，原想獲得高利潤的後期投資者，將面臨出不了金的窘境。

至於那些先加入的上線，他們肯定在心裡暗笑，覺得不甘他們的事，是發起資金盤的公司騙了你的錢，不是他們的錯，因為自己同樣是苦主，自己也算受害者。所以，選擇好的上線是相當重要的一件事，以免自己孤軍奮戰。

上線在拉人時，會不斷鼓吹你加入，只為賺到獎金，等你也開始有些獲利後（但這些獲利是帳面上的數值增加，並未真正兌換現金出來），這時上線會告訴你也可以開始賺獎金了，只要多拉一些朋友進來，就能像他一樣賺到更多錢，下個月就可以辭職不用工作，三個月後就能入手高級房車……誰聽了不心動呢？

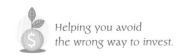

但好運終將結束，當資金盤開始停滯無法出金時，也就是「隨人顧性命」（台語）的開始，上線並不會因為從你身上賺到獎金，就想方設法幫你解決，就算你跟他說我要拿錢來償還當初投資時跟銀行貸的款項，或這筆錢是跟朋友借的……等等，你的上線一概不管，訊息已讀不回外，他更可能開始推卸責任，說自己也是受害者，不再理你，而你也變成孤兒，一個人孤立無援。

▲不良上線，只管自己貪圖獲利，不管下線去死。

2 資金盤的各種套路：Money Game

時代的演進，使我們在投資市場上發現一個又一個高獲利項目，包羅萬象，沒多久又出現一個新局，好比投資房地產月獲利20%，或是最新的區塊鏈投資，保證穩賺不賠、保證獲利……然後以馬雲為成功的案例來說服眾人，說馬雲起初提出的互聯網概念也是沒人看得懂，但儘管一堆人說他是瘋子，他仍堅持努力完成，最後證明自己是對的，現今身價上千億，當初那些人就是因為判斷錯誤，才錯過投資阿里巴巴的絕佳機會，現在不能再錯過賺錢的機會，極盡所能地包裝，但這些項目說穿了不就是資金盤嗎？

「資金盤＝吸金盤＝金字塔騙局＝老鼠會？」高獲利的項目換湯不換藥，可以請那些不肖人士別再騙了嗎？相信各位心中一定也這麼想。說來慚愧，筆者早期也被身邊的朋友拉去加入過，因而有如此體悟，為避免更多人受害，我才會萌生跟大家解析資金盤各式套路的念頭，讓讀者們了解如何去分辨真假騙局。

「資金盤」顧名思義就是一個沒有任何商品的項目（直接用錢當商品），其獲利來源則是那些經過包裝的虛擬項目，把吸進來的錢換成虛擬商品反饋給你，因為商品是虛擬的，所以不會有成本問題，將資金完全反利給參與資金盤的投資者們，投資者拿到的錢就是新加入者所投入的本金。

而資金盤又有好多細項可分，諸如返利盤、拆分盤……等，而資金盤的演化順序為：互助盤（類似跟會）→返利盤→拆分盤→體賽對沖→ Pay 消費，儘管各個時期的說法和操作手法不同，但都可以統稱為資金盤，只是投資者的套利方式不同，因而歸類出各種細項名稱；且這些推出時，都會是當時最新的商業模式，不得不說概念其實都很棒、相當創新，無奈這些創新都是有心人用來洗錢的。

▲後金補前金概念。

何謂返利盤？

返利盤就是設定一個固定的給付日期，不管是按天、按月還是按季，按固定的日期發還獎勵給投資者，而獎勵的百分比一般會落在本金的20至30%左右，同樣以高獲利來做為誘因，讓投資者更有興趣參與，快速吸引大眾投入，但公司所說的投資全是晃子，背後的真相是根本就沒有投資，拿不出投資的證據，只是包裝出來的廣告

但你是否曾想過他們憑什麼給予投資者這麼高的%數？這個項目之所以能提供高額回饋，它的獲利來源是什麼？肯定不是無中生有，因為它是一個後金補前金的概念，是市面上相當普遍的手法，公司拿後面加入者的本金去支付前期投資者所投入的約定利息，只要投資的人越來越多，就有能力去支付前人所投入的約定利息。

假設公司需要付給A的利息錢是10萬元，之後又有B加入，他投入100萬元，那公司就要將那100萬的資金，撥10萬支付給A，但這筆資金通常只能支撐一下而已，因為B的100萬很快就會花完，這時就一定要有另一個C加入才行，這樣才有資金來發放給A、B二位，以此類推，不斷惡性循環下去，但只要後面加入的人不夠多，他們就沒有足夠的資金發放。

而且，公司的官方說法一般都是正向的，說企業一個月有能力獲利 50% 以上，分投資者 20%，剩下的便是公司的營利，一間企業一定要有穩定的獲利，才能讓投資者分紅，公司賺錢吃肉你喝肉湯，一切都相當合理。

但只要仔細推敲，這聽起來看似合理的說詞，其實根本就不合理，讀者們可以去查台灣首富郭台銘創辦的鴻海企業，請問他一年的收益獲利是多少呢？他們能年年成長 20 ～ 50% 嗎？但現在鼓吹你投資的公司卻能向你拍胸脯掛保證，既然他們比鴻海厲害，那怎麼還沒沒無聞，早該上新聞，是人人皆知的獨角獸公司才對，應該有一堆企業爭先恐後地想合作，怎麼還會找一般老百姓投資，這樣是否就能理解了呢？值得深省。

▲你貪 20% 的利，人家貪你的本。

現在來談談閉鎖期吧，相信很多投資這類返利盤的人都遇過，因為他們要運用你投入的資金，所以你不可能剛進來，隨時都能把錢領走，你可是他們的金主之一，必須幫忙分擔資金盤的泡沫，因而設定閉鎖期來限制你的資金流動，由你來填補資金坑洞。閉鎖期一般會設在 3 至 6 個月左右，當泡沫越來越大、越來越難掌控時，閉鎖期結束你也拿不回資金。

而且後面加入者的閉鎖期可能會更長，因為公司要保障系統的運作，慢慢消耗泡沫，千萬別以為他們只是要拿你的錢去補前面投資者的利息這麼簡單，除了支付員工薪水外，他們自己也要有收益呀，不然幹麻開這個項目呢？

當問題越滾越大時，如同前面提到的，先是配合的店家開始兌現困難，然後變成投資者無法順利出金，這時制度就會開始改變了，好比以下三點。

- **出金需扣 10% 手續費。**
- **出金需強制扣除 30% 至盤內。**
- **限制兌換商品的消費分數。**

最後，你能提領出來的現金可能僅剩本金的 50%，且一般平台會以美金來交易，賺取買賣之間的價差（俗稱水錢），入金的匯率 1：28，出金的匯率則高至 1：34，這 6 元的價差全被公司賺走，真是欲哭無淚。

至於為什麼要閉鎖？筆者跟大家分享一個很有趣的例子。假設全台灣的人都在台灣銀行交易、存錢好了，如果有一天大家都在相同的時間到銀行兌現，把戶頭裡的錢提領出來，你覺得台灣銀行的現金真有這麼多嗎？我想台灣銀行一定會拒絕交易對吧？因為他們的金庫裡沒有這麼多錢。

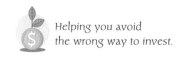

同理，這些開資金盤的公司，他們收到錢之後，一定會馬上將這筆錢分潤掉，真正用來維持公司營運的資金，絕對是少之又少，等又有資金進來，他們自然會控制好出水量，應收帳款收得快，應付帳款則慢慢拖，這樣周轉金才能流暢運用。

▲大夥同一天一起去銀行提領現金，看銀行會不會倒。

何謂拆分盤？

拆分盤簡言之就是把股票一拆成二、二再拆成四的結構，看公司給予幾倍就拆多少，先用台幣買配套方案，一般也是以美元為單位，如 100 單位、500 單位、1,000 單位、3,000 單位、5,000 單位等等。

假設我是用 1,000 美元的方案參與投資，那就要再拿這 1,000 美元去購買它的內部點數（或稱股票）才能交易，因為拆分盤是根據你帳戶裡的點數來進行拆分，在一定時間進行倍增配送（也就是拆分），如果我帳戶有 1,000 點，配送 2 倍後變成 2,000 點，2,000 點單位再配送 2 倍後又變成 4,000 點，以此類推……形成很可怕的泡沫倍增！

現在你應該相信錢真的不是賺來的，而是變出來的吧？拆分盤大約從 2012 年開始盛行，不像返利盤每個月都有利息分潤，大約 2 至 6 個月拆分一次，但當然也是同樣的模式，返利盤會越拆越慢，到最後金流卡住、一動也不動。

現金儲值→換取公司幣（點數）→拆分股票→可掛賣積分→出金兌現

先用台幣入金，依照你購買的美元方案來換取相對應的點數或公司虛擬幣，然後再用你的點數（公司幣）去轉買現價的股票，假設你的點數是 100 點，股價為 0.3，等於你得到 30 股。換取後的股票數，就是你未來拆分的依據，而倍增後的股數，你可以選擇賣掉換取積分，此積分一樣是以美元為單位，

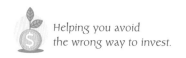

或是賣下線、掛在市場上換現金，當然前提是要有人願意跟你買才行。

那如果是遊戲代幣呢？那也只是將股票換成另一個名目罷了，換湯不換藥。

現金儲值→公司幣→拆分代幣→可掛賣積分→出金台幣

拆分盤這樣的運作模式，絕對能讓你輕鬆賺取一億，若你的成本是 10 萬台幣，每半年拆一次的倍數膨脹，保證只漲不跌，只要把錢放 5 年，包準你領有好幾億的錢，一點都不誇張！假設小孩出生你就替他規劃，那上小學前他就有好幾億身價了，你可以看看下方試算表。

第一年 → 10 萬 > 20 萬	**半年後再拆** → 20 萬 > 40 萬
第二年 → 40 萬 > 80 萬	**半年後再拆** → 80 萬 > 160 萬
第三年 → 160 萬 > 320 萬	**半年後再拆** → 320 萬 > 640 萬
第四年 → 640 萬 > 1,280 萬	**半年後再拆** → 1,280 萬 > 2,560 萬
第五年 → 2,560 萬 > 5,120 萬	**半年後再拆** → 5,120 萬 > 1 億

以上只是範例取平均值，高峰有可能會到 3 倍，低峰有時只配 1.5 倍，且不一定是半年才配送，一開始都會比較快，因為新盤會為了鼓勵投資人加入，所以誘因、福利都會釋出超

多，讓大家搶著進甜蜜區，加入後差不多 2 個月就配送一次，先確實讓投資者看到成果、領到獎金，不然怎麼讓你充滿信心地去開發市場，找更多人加入呢？

看完拆分後，是不是覺得這比大衛魔術還要牛逼呢？什麼事情都不用做，就靜靜地等系統讓你收益就好，夠厲害吧！現在想問問，那參與這類投資的朋友們，他們真的有賺到 1 億元了嗎？想當初在說明會時，那些上線各個都很會說，現在想想是不是很諷刺呢？

這些數字都是子虛烏有的，仔細思考後你也能明白，這樣的拆分法會形成怎麼樣的泡沫？當後面投資者投入的速度趕不及前人倍增的收益時，這項目也就死了。拆分的速度變得越來越慢、越來越慢……從原先兩個月轉變成半年拆一次，之後又一年拆一次，你發現出金好像變困難了，出金狀況一直顯示為等待交易，等到天荒地老都還未交易成功，請問這時誰願意去填補這個資金缺口呢？倘若你再挹注金錢下去，就代表你又捐多少錢出去！

所以，這時候做莊的公司，就決定來更改制度了，一樣 30% 需回購，10% 需兌換分數，10% 為手續費抽成，並推出新的促銷活動，營造新的願景，試圖吸引新投資者注意，更喚回舊投資者的目光，由你們來做冤大頭，填補這些泡沫，把資金缺口補上。

如此一來，不僅能帶動局外那些還在觀望的潛在投資者們，已在盤內的會員們也再次投入，可謂一舉兩得，況且之前已加入的老會員們，先前也從公司賺了不少，若不讓他們吐點錢出來、幫助公司解危，怎麼說得過去呢？

- **要出金就推動態，把點數賣給下線。**
- **若要掛上平台賣，必須跟公司購買掛單分。**
- **開啟另一個小平台來消除原先大平台的泡沫，小平台需到大平台買分。**
- **不停開辦教育課程，穩定軍心。**
- **公告公司有內鬼蓄意毀謗平台。**

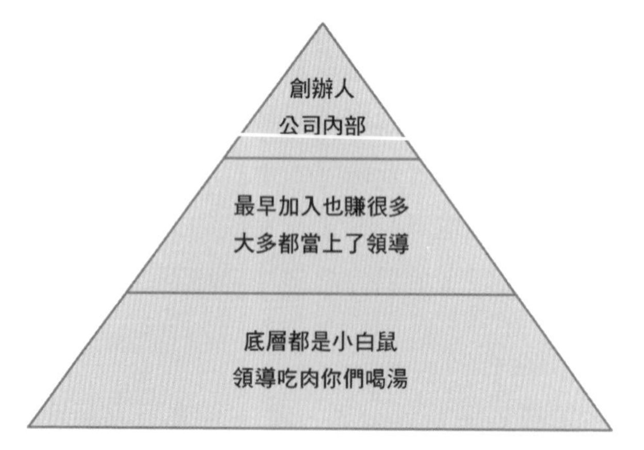

▲最賺的通常都是最上層的，中層只是打手，底層墊被。

1 最上層的肥貓

創始人賺得荷包滿滿後，發現這盤玩不久了，便將公司轉賣給合夥人，等合夥人也賺得差不多，發現整個資金缺口快崩盤，又賣給公司內部人員。

2 中間的跑腿

領導層因為拿了很多錢，所以繼續為公司賣命，拉攏新夥伴進來，且他們力挺公司，會反駁任何說公司壞話的人！

3 最底層的散戶

看著上線領導生活過的富裕，因而花大錢跟上線買拆分幣，殊不知自己已成為上線套現的肥羊，只要沒人買，就賣給你，但你加入不久後盤就死了，連本都還沒回收！

何謂互助盤？

互助盤就像老一輩常用的標會，只是現在又再進化，演變為金融互助盤，將投資者挹注的錢，發予各方做獎金，假設上線最多就是40%好了，那其餘剩下的就會按代數分發獎金，當然，平台會收取部分資金作為管理費。

而這樣的商業模式，就是你加入後先幫助別人，未來只要有下線加入，他的投資金額分潤就會是你之後的收入來源，就跟以往民間操作的互助會概念一樣。

互助盤跟返利盤和拆分盤相比較，這種模式較不會有泡沫的產生，但一樣必須不斷找人加入才行，要持續有加入者補金，整個系統才得以活絡，你也才能獲得收益，不然久而久之同樣會變成死盤。

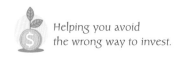

你給予他人幫助，日後他人給你幫助。

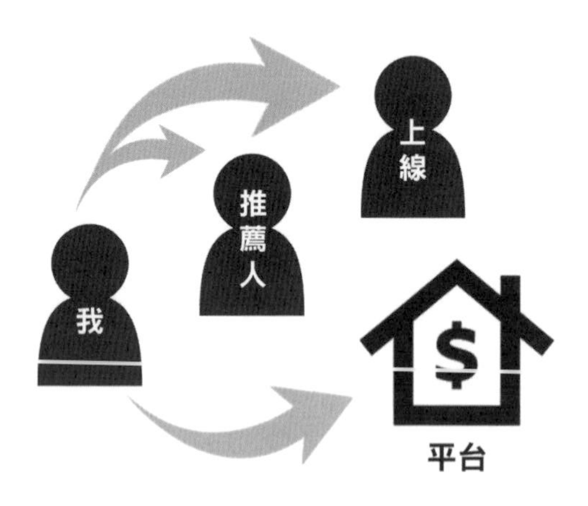

▲金融互助概念圖。

現在還有推行改良後的互助盤，將其加上產品盤共生運作，一般只要是沒有產品的項目，我們普遍會認為是在吸金，加入後白白給公司錢，什麼項目都沒有的情況下，還能拿到分紅，難道這間公司是銀行嗎？商品竟然就是鈔票！所以聰明的公司假裝推出一項產品來掩人耳目，打著煙霧彈，本質一樣是資金盤。

而這些公司標榜的產品，在售價上是否有超出合理性呢？市面上可能有好幾處兜售一樣的商品，但在這間公司買可能就要貴上數十倍，每月不斷重銷當作盤上的活水，讓前面加入的上線能持續領到錢，系統得以順利出金。且這類的「資金盤」大都走多層次傳銷及金字塔模式，大家最耳熟能詳的莫過於「太陽制」和「雙軌制」。

1 太陽制

顧名思義就是以你為中心 A，你推薦的人都會放你下面，我們稱為 B，因為是太陽制，所以寬度廣，每個推薦都可以是第一代，B 再推薦一人 C 就是你的第二代。

太陽制的優勢在哪裡呢？太陽制相當適合擅於業務行銷的人，因為推銷能力強，下線全跟著你走，願意加入團隊的，一定都會力挺你到底，且第一代除了獎金極高外，還可以領到三至七代的分紅，按代數不同，獲得的獎金略微不同，如第二代 10%，第三代 8%，第四代 5% 遞減。

當然，公司也會依照會員等級的不同，推出不同的獎金 % 數，若個人或團隊總額達到一定門檻、升等……等，又會另外給予現金或招待旅遊，以茲獎勵。

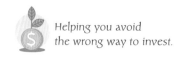

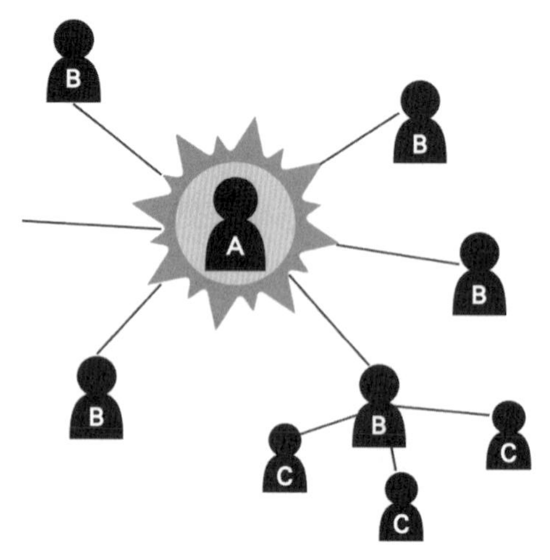

▲太陽制示意圖。

2 雙軌制

另一種雙軌制則只能雙邊發展，但也最能幫助團隊夥伴，好比你是 A，向 B、C 介紹後，又再推薦給 D，這時你只能往 B、C 下方放置人員，如此一來他們也有了下線，而 B、C 看到上線安排人員在他下方，會促使他也跟著活絡起來，一同開發、推廣。

雙軌制除了可以達到團隊互助外，雙邊還可以賺對碰獎金（如 B-C 碰），自己經營的團隊，我們自己當然必須是最大的獲利者，開啟金三角模式，A、B、C 都是自己的帳戶，不僅左邊賺，右邊也要賺。

而雙軌的左邊通常會被設為公線，上線或你自己拉人進來，普遍會先擺在公線，對團隊有貢獻後，再經營自己的右線，讓有能力推廣的人來輔助團隊運作。

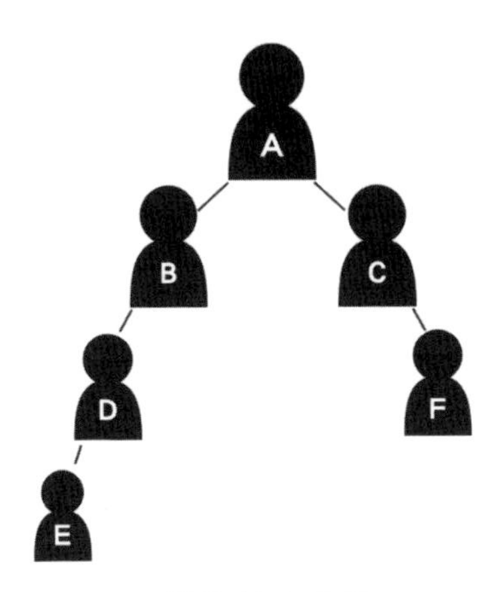

▲雙軌制示意圖。

何謂博弈盤？

你是否有聽過這樣的廣告詞：「娛樂城入金 2,000 元，就有老師帶你下注，平均一天收益高達 1,500 元，若本金再加大點，一天賺上萬塊不是問題！」娛樂城就是賭博性平台，沒有前面討論的返利和拆分那樣複雜，就是簡單玩遊戲，有賺到就讓你馬上兌現，且保證獲利。但真的有這麼好康的事情嗎？如果這麼簡單，請問平台要賺什麼呢？

博弈盤看似單純，但其實也在撩撥我們內心的貪婪，先從一點點的好處開始累積，起初會有人帶著你玩，分析下哪注的命中率高，等你嚐到一些甜頭，認為錢很好賺之後，你開始加大籌碼，將押注的資金提高，又賺到更高的獲益後，甚至把身家都押上了，一心想賺筆大的。

當然，娛樂城也不是笨蛋，當你開始押注資金，釣到你這隻肥羊後，接下來就會想盡辦法讓你輸局，假如又不慎讓你贏太多，他們會另從出金系統開始下手，設置障礙使你無法兌現，更過分的還會把帳號封鎖住，就看誰厲害！

假如娛樂城這麼過分，那為什麼還有這麼多人玩呢？他們展示出來的獲利，其實大多是自己人自導自演，那些都是他們的員工，因為平台是自己的，要開幾號球就開幾號球，對外演一場好戲，好像投入者都確實能賺到錢，以此減低你的戒心。

玩家玩了好幾場皆贏之後，開開心心地想將積分兌換為現金，但賭場有可能讓你把錢都搬走嗎？告訴你一個殘酷的事實，做莊想的永遠只有包贏，這些私人網路平台，總在背後搞一些小動作。

筆者的朋友就曾分享過自己的經驗，說他帳上賺了多少錢，但平台就是不讓他將積分兌換為新台幣，還把他的帳號封鎖，筆者聽到後無言以對，只能說他自己傻。

▲平台幕後的真相。

何謂體壇對沖？

體壇對沖就是在玩體育賽事的資金盤，它跟娛樂城有些差異，娛樂城是直接在線上平台賭博，而體壇對沖是根據現實世界的運動賽事下注投資，然後搭配系統、套利模式，讓投資人能穩定獲利。下面模擬一場賽事，試算收益給大家看。

國際籃球賽版，公牛隊 VS. 熱火隊，分別在不同的系統上押注公牛贏，賠率為 10,000 元分別下注。

	A 系統	B 系統
賠率	1.9：2.1	2.2：1.9
金額	5,300×1.9 = 10,070	4,700×2.2 = 10,340

可以發現兩邊下注其實都有利潤，系統平台賺 20%，你的團隊上線賺 30%，投資者賺 50%。各個平台的賠率表跳動都很快，一般人工很難做到，為求專業，目前都是用機器人下單操作，並開設槓桿，讓出金金額以本金的 4 倍為限（10,000×4 = 40,000），超過便自動出局。筆者個人認為這個盤的機制還算安全，但就是怕遇到黑心平台，只顧著賺取平台收益，賺飽後不讓玩家出金，搞得投資者又是一場空，實在很過分。

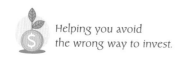

▲體壇對沖。

Pay 點支付的消費模式

大約從 2018 年底，有一種新型的 Pay 消費模式在金融市場嶄露頭角，這裡的 Pay 不是指綁定信用卡的 Apple Pay 和 Line Pay，而是一種新型態的資金盤。

別懷疑，你沒有聽錯，這類資金盤結合了現在最流行的消費模式 Pay，但未經過各大機構認可，不能隨意對接、交易，你必須跟這間公司購買支付的點數才行，好比 Q Pay、i Pay……等，你必須跟他們購買積分消費，然後公司會開設兩大錢包給你，下面以充值 10,000 元來進行講解。

80% 入活期 A 帳戶：可隨時消費的帳戶。
20% 入定存 B 帳戶：日撥 2‰ 到你的活期帳戶，每天發放 20 元供你消費，約 500 天回本。

等同於 500 天的閉鎖期，也未免太久了些？又不小心露出狼的真面目了……這類獨自發行 Pay 的公司，不是單純便於消費者購物時付款嗎？為什麼介紹朋友還有高額獎金？是不是感覺事有蹊翹，讓我們來深入了解吧！

1 投資者

公司用消費來抵制泡沫成長，因為積分的閉鎖期很長，得以鼓勵投資者做動態回本，讓積分加速回流至 A 帳戶，可以拿來做消費使用。如果不消費呢，那就是資金盤概念，把 A 帳戶的點數餘額，全部再充值到閉鎖的定存 B 帳戶內，系統會給予你 6 倍的回饋，假設你的儲值本金是 1 萬元，那系統會直接乘上 6 倍，帳面數字提升至 6 萬，然後每天回 2‰（120 元）給你，是不是很棒呢？

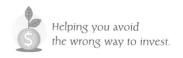

2 商家

有對接的商家，其商品大約會收 25% 的利潤，假如你用 Pay 消費，會比使用現金貴上 25%，當然，如果店家收不到公司該給的帳款，就會停止合作，這和前面介紹的公司幣是一樣的概念。

介紹完以上資金盤的套路，不曉得讀者是否有發現了呢？這些資金盤都僅是換個包裝和公司名，背後同樣做著洗錢的動作，像現在流行的行動支付，竟可以被他們拿來賺錢，除利滾利的高額回報外，又有推薦獎金，實在是掛羊頭賣狗肉呀。

▲ Pay 的消費模式。

3 一切都在騙，後金補前金

近二至三年，電視新聞上經常出現投資詐騙的新聞報導，說某某公司負責人吸金多少億捲款潛逃，警惕世人投資應謹慎小心，但過沒多久又出現相同的新聞，什麼最新的商業模式都能跟資金盤扯上關係，詐騙事件層出不窮的發生，而這些詐騙案也就是大家俗稱的「龐氏騙局」。

你知道什麼是龐氏騙局嗎？這是一個相當著名的金融詐騙手法，以一種後金補前金的概念運行著，也就是挖東牆補西牆，通常以資金盤的方式在市場上運作，拿後面投資者的資金來支付早期投資者的利潤，算是一種非法的多層次推銷手法，又稱金字塔式騙局。

市場上的形容詞看似很多，但其實都在講同樣的吸金模式，以各種方式來進行包裝，持續存於金融市場中，而時常參與市場投資的人，會將這些項目稱之為「盤」，其中賺來的錢，都來自其他新加入的參加者，並非實際透過公司營運所獲得的利益，來分潤給投資者，簡言之就是拿投資者的錢，花在別的投資者身上。

初期以很豐碩的高報酬來作誘因，吸引投資者快速加入，讓他們在短時間內獲利；並打著高利獎金的口號進行推廣，當資金的流動不足支付花費時，便逐漸拉長還款時間，直到泡沫破裂為主，然後最底層的投資者就必須當那冤大頭，承擔金錢的損失。

這樣的營運模式擺明就是在洗錢，這公司根本就是間空殼公司，沒有任何產品，公司所有的收入、營利都是假象，拿投資者的錢來做假帳。

▲包羅萬象的空頭公司。

騙局起源

龐氏騙局這代名詞來自美國一位義大利移民——查爾斯・龐氏（Charles Ponzi）。他於 1919 年策畫一樁陰謀，成立一間公司，積極找人投資，但這些投資根本就是子虛烏有，承諾投資者們在 3 個月便能回收 100% 的利潤回報，以此為誘餌快速累積資金，然後將後期投資者投入的錢，支付給最先加入的人，每位投資者快速盈利，讓一心想賺錢的民眾急於跟風、紛紛上當，使龐氏在 7 個月內便吸引萬名投資者加入，替自己賺取不少財富，一年多之後騙局才被戳破。

1920 年代，第一次世界大戰順利落幕，原先動盪的時局恢復和平，生活回到最初的本質，大眾開始將注意力轉到金錢上，認為金錢就是時間，錢就是生命，代表著富有和權力，在社會上有著一定的身分地位，有錢就代表幸福，於是乎人人都懷抱著發財夢，期望能在一夕間賺大錢。現在，讓我們看看龐氏騙局如何發生的。

1903 年，有位名叫查爾斯・龐氏的義大利青年，背負著母親的寄託與家族使命，決定到美國奮力一搏，闖出一片天，出發前母親告訴他：「凡是去美國發展的人都成功致富了，相信你一定可以做得更好。」就這樣，一名年僅 21 歲的青年告別家鄉，隻身前往美國發展。

到美國時，查爾斯身上僅有 2 塊 5 美元，但他相信只要努力工作，肯定能達成賺取百萬美金的夢想，他積極從事各種工作，包括雜貨店店員、街邊的推銷員、工廠工人、洗碗工、油漆工、保險業務員，還有餐廳服務生……等，但在美國的日子並非相當順利，他還曾在加拿大因偽造文書被抓入獄，出獄後沒多久又因人口販賣再度入監服刑。

1919 年，36 歲的龐氏意外發現一種能快速賺錢的金融工具，於是他隱瞞自己的過去，到波士頓創業，開辦一間公司，設計了一項投資計畫向當地人兜售，刻意將計畫複雜化，對外一律宣稱只要投資某項商品，便可以獲得高額回報，讓人霧裡看花。

1920 年代，第一次世界大戰結束沒多久，世界經濟體系混亂，龐氏趁亂放出消息，大肆對外宣稱購買歐洲某款郵政票券，再轉賣回美國就可以賺錢。礙於各國的政策、匯率等因素，很多經濟活動一般民眾難以確認，龐氏便抓住這個弱點，宣稱所有投資項目在 45 天內就能獲得 50% 的回報，等同於 90 天就能有 100% 的回報，相較於當時銀行一年僅有 6% 的利息更具吸引力。

可是並非所有投資者都全然相信，所以起初願意投資的金額相當小，雖然人人都以小額加入，但也恰好滾動了這顆雪球，45 天過去後，龐氏發給第一批「投資者」應得的回報，投資者拿到報酬後，認為收益相當不錯，選擇繼續加碼，更推薦朋友們，使其他投資者大量跟進。

一夕之間便湧入許多資金，但龐氏一時未找到更好的金融商品和投資標的，只好拿後加入者所投入的資金，填補早期加入者的報酬缺口，解決燃眉之急，反正不會有投資者發現。

在短短一年的時間裡，約有 4 萬多名波士頓居民成為龐氏的投資者，且絕大多數都是懷抱著發財夢想的窮人，龐氏總共收到 1,500 萬美元的投資款，每人平均投資幾百美元。當時龐氏更被那些不明就裡的美國人視為神一般的傳奇人物，與發現新大陸的哥倫布及發明無線電的馬可尼齊名，成為最偉大的三位義大利人其中一名。

龐氏瞬間躍升富人行列，買下當時最豪華的轎車，名下擁有 20 間氣派的大別墅，原先毫無體面服飾的他，特別訂製 100 多套昂貴西服及頂級牛皮製成的皮鞋，家中更收藏數十根鑲著珠寶的拐杖，連菸斗也鑲嵌著碩大的鑽石；他對情婦們也毫不吝嗇，贈與她們無數價值不斐的首飾。

可謂樹大招風，龐氏如此高調的奢華生活，引來社會大眾的關注，其中不乏專業的金融人士和極為敏銳的檢察官，在這些人的關注下，勢必不會有太好的下場，當時某金融專家對外披露龐氏的投資項目是場騙局時，遭到警方的關切、調查而下獄。

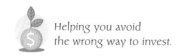

風光沒多久的龐氏，於 1920 年 8 月宣告破產，當時騙取到的金額為之龐大，若真按照他宣稱的方式進行投資，此金額足以購買幾億張歐洲郵政票券，無奈他只實際購買過兩張，之後便把投資者的錢全拿來花用。所以，現在任何用後期「投資者」的錢繳給前期「投資者」的投資項目，都被稱為「龐氏騙局」。

龐氏被判處 5 年的刑期，出獄後仍不知悔改，又以類似手法進行金融詐騙，再度入獄，直到 1934 年被遣送回義大利，但回到義大利後，他仍無所不用其極地想騙取墨索里尼的錢財，所幸未得逞，惡名昭彰的他，1949 年於巴西一間善堂去世，離開人世間時身無分文，極其諷刺。

龐氏是金字塔騙局的鼻祖，你現在是否還相信世上有著讓人一夕致富的機會呢？還是所有機會都只是個圈套，只是個老鼠會呢？相信讀者心中自有答案。

空手套白狼

空手套白狼的典故源自於白狼是一種極為稀有罕見的祥端動物，得來相當不易，但現在不費吹灰之力，空手便能取得，實在太神奇了。而現今，空手套白狼變成詐騙手法的代名詞，引申為無中生有，用騙取得來之物，帶著貶義。

現在就來向各位介紹世上最經典的詐騙公司MMM。1990年代，有位名叫謝蓋爾・馬夫洛蒂（Sergei Mavrodi）的俄羅斯人，他和兄弟們一同成立「MMM金融投資公司」，取三兄弟的姓名字首為名，以謝蓋爾・馬夫洛蒂為首。

創立之初，他們在各大城市開辦分支機構並販售股票，宣稱只要向MMM公司投資100美元，便可在半年內獲得500美元的收益，年終回報率高達400%。在此強大的宣傳和高回報誘惑下，人性的貪婪使投資者忽略其中可能的風險，一心相信只要購買MMM公司的股票就能發大財。

1994年2月，一張張印有馬夫洛蒂頭像、面值為1,000盧布的原始股流向市場，被民眾瘋狂搶購，在俄羅斯國內掀起一股投機狂熱。MMM公司股票最初每股買入價為1,400盧布，收市價為1,600盧布，到6月股票價格每股已達37,500盧布，較面值上漲了36.5倍。

你沒看錯，僅短短半年的時間，公司股票瘋狂飆升，只靠當初推出的「金字塔」式投資返還方案，就吸引了數千億元盧布的投資，MMM公司規模快速成長，更在60多個城市設有代理處，其交易周轉金佔全俄羅斯交易的金額的一半，每天販售股票所獲得的收入高達400億元盧布。

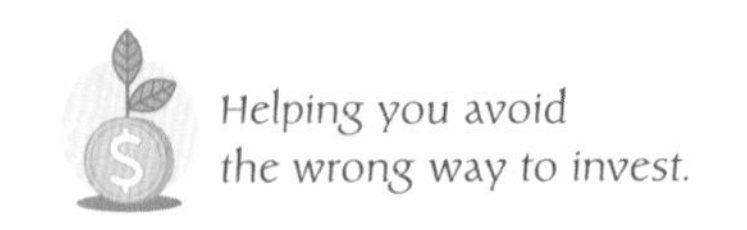

部分銀行和投資機構開始存疑，覺得這種金字塔式的投機行為存著很大的風險，1994 年 7 月 22 日開始，始終對 MMM 公司抱持良好態度的俄羅斯政府突然對外發布聲明，表示政府對該公司所許諾的 400% 年回報率持以懷疑的態度，向民眾宣導投資 MMM 公司的安全性。

自各大金融機構開始宣導後，政府也公開發布聲明，使投資者意識到這種誘人的承諾可能是種欺騙，投資者的信心產生動搖，停止資金的挹注，紛紛拋售股票，股票價格暴跌，神話徹底破滅。

當 MMM 公司的後金無法補足前期投資者的報酬時，金字塔徹底倒塌，較晚加入的投資者們血本無歸，幾百萬名俄羅斯人的積蓄喪失殆盡，成為該起詐騙案最大的犧牲品，而謝蓋爾・馬夫洛蒂也因此被拘捕、判刑入獄，MMM 騙局在俄羅斯正式破滅。

但，你以為所有事件都告一段落了嗎？沒那麼簡單，在馬夫羅蒂出獄後沒幾年，聰明的他又策畫了新的投資模式，於 2011 年創立 MMM 國際互助平台。這是首創以網路賺錢的互助金融，最低投資金額只要 10 美元，最高投資金額 10,000 美元，在 MMM 金融平台上只有兩種功能——提供幫助及得到幫助。

插畫者:WangYujun(原創貼圖)-友情贊助

插畫者:WangYujun(原創貼圖)-友情贊助

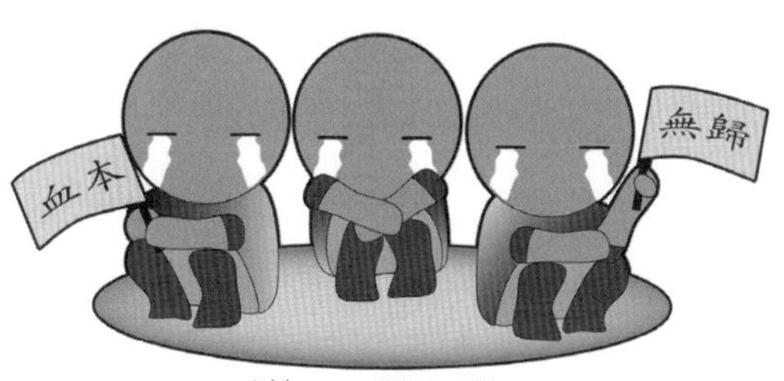

插畫者:WangYujun(原創貼圖)-友情贊助

提供幫助（投入）時，系統會自動匹配給需要幫助、希望得到幫助（領出）的會員，也就是當得到幫助（領出）時，系統會自動匹配給正在提供幫助（投入）的會員，讓會員與會員之間互助。

而魔鬼藏在細節中，MMM 公司利用自己所管理的私人帳號來達到詐騙的目的外，平台也利用私有的殭屍帳號，也就是所謂的假帳號，以高利息收入來吸引更多人加入。不曉得各位是否能明白呢？簡單來說，就是前面的加入者其實只有一個人而已，假設前面回收得到的利息人數為 100 人，可能其中有 60 個以上都是假帳戶，都是由同一個人所創辦出來的。

該互助平台 2015 年 12 月中旬於中國市場崩盤後，又隨即進行新的詐騙局，使受害者前前後後達到 1,350 萬人，為數眾多，因此中國警方積極介入此事，聯繫支付寶公司進行全面調查 MMM 組織，部分地區的領導已被拘留審判。

而 MMM 互助平台的敗筆就在於運用支付寶來進行交易，支付寶上的每筆交易都是有記錄、留存的，能追蹤每筆金流來源與款項，在 MMM 面臨倒閉後又宣布重啟，那些投資受害者如果想回本，就需要再投入原資金的 10 倍來進行解凍。也就是說，如果投資者先前已虧損 2 萬，那他必須再投資 20 萬，才能贖回原先的 2 萬，總共虧損 18 萬。

聽下來是不是真的很瘋狂呢？這 MMM 騙局死了之後，又重啟別的方式來騙大家的錢，且每次都能確實瞄準散戶口袋裡的錢，看準民眾想回本的心態，讓大財團跟馬夫洛蒂的口袋越賺越滿，且馬夫洛蒂還相當厲害，於 2015 年引進比特幣來躲避政府單位的監管，真的是什麼都想得到的曠世奇才。

而這位曠世奇才於 2018 年 3 月 26 日因心臟病發，在莫斯科醫院病逝，據說他留下 14 萬顆比特幣給其後人，若以一顆 10,000 美元的匯率換算，總價值高達 14 億美金，無奈沒有人知道他的帳戶密碼，這 14 萬顆比特幣等同於石沉大海。

4 精疲力竭，神話變笑話

前文介紹的資金盤，都是筆者曾加入過的項目，為避免讀者像筆者一樣掉入投資陷阱，因而拿出來討論，與讀者們一同分享。市場一直在變，投資工具也不斷推陳出新，各式各樣的投資項目讓人瞠目結舌，這些人竟能想出如此手法包裝。

好比說，誆稱投資房地產就能月月獲利 20%，當時推薦我的朋友說他對這項獲利非常有信心；之前還有使用指定信用卡消費就能返利 20% 的項目，但現在這間公司也不知道去哪裡了？若真像他們所說的獲利，又怎麼會因此而消失倒閉呢？

這些項目說穿了，商品就只是個媒介而已，是否真的有拿投資者的錢來進行投資倒未必，筆者認為絕大多數都只是在掛羊頭賣狗肉。

而這些項目為了規避現金洗錢吸金之證據，也常運用最熱門的虛擬貨幣來作為出入金媒介，以真錢換假錢，不管是代幣還是點數模式……等，都只是變相操作的手法罷了；且這類公司在你進行投資時，還可能另寫一段公文要你特別留意……

平台備有免責聲明，
所有投資都是在雙方同意下進行，
不認同就無法登入，要登入即代表認同公司。

這公告就是用來逃避法律責任不是嗎？好，現在我們來聊聊「投資高風險」的涵義，一是假設投資 1 萬元，你一個月內可能獲利 1,000 元，最差的情況也不過是沒賺到 1,000 元而已，但本金還在；二則是投資 1 萬元，有機會在一個月內獲利 1 萬，但也有可能沒賺到 1 萬，連本金都沒有了。

所謂的風險，就是你可能面臨的損失，所以怎麼會有項目保證能獲利呢？但明明知道投資是有風險的，為什麼卻還是有那麼多人願意去嘗試這類高風險的投資？

原因與社會的本質有關，以往把錢存在銀行都會有 5 ~ 6% 的高額回報，而現今是低利率時代，薪水又如一灘死水般毫無動靜，可是物價卻年年高漲，每個人的心中因而有股冒險的心蠢蠢欲動著，人性抗拒不了這好康的賺錢機會，背後貪婪的一面，把我們自己推入無盡的深淵。

怎麼說呢？每個人都想賺錢，但有些人卻不懂得量力而為，戶頭的存款可能不足，沒有閒置的資金可以投入，該怎麼辦呢？這時上線會跳出來積極想辦法解決，而這辦法就是套利！上線不斷在旁鼓吹你去拉貸款或將保險解約，甚至是變賣家產，等賺錢之後再買回來，就是不願讓你錯過這致富的機會！

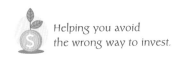

假設貸款 100 萬，年利率只要 5%，若拿這 100 萬來投資，一個月賺 20% 的話，半年就能回本，買轎車、住豪宅，給家人更好的生活品質……等，這些魔鬼誘因不斷吸引著你，能不心動嗎？而且別忘了這是套利，你其實根本沒有花到錢，只是把左手的錢改放到右手罷了，簡簡單單就能創造財富，很棒吧！上線還會慫恿你多貸一點錢，這樣就能賺得更多。

以上分享至此，各位讀者未來要投資前，記得三思而後行！況且筆者也不認為資金盤是一種投資，風險這麼高的報酬算是投機了，所謂投資是具有價值，能長期看漲、一步一腳印地追求實質進步與成長；而投機是一時的，僅追求時機財一瞬間的收割，但賺快錢死得也快，畢竟沒有實質的內容價值。

就筆者目前所看過的資金盤，絕大多數的壽命都不會很長，就算沒倒也只是在那撐著一口氣而已，因為凡是出不了金的盤，不就等同於死了嗎？我就是過來人呀！

還記得前些日子，筆者曾和投資這類資金盤的朋友小聊了一下，聊著聊著他就很憤慨地說：「我寧可把錢全都花掉，也不再投這種盤了，根本就被套住無法兌現呀！而且我還算幸運，之前有領到一些錢，但也早期領過幾次利息而已，仔細算下來，這些錢還只是我的本金，完全沒有獲利！」

朋友的一席話，讓筆者不由得在心中反思，天下如此好康的事情，憑什麼輪到我呢？我算什麼咖，我投的都還只是小錢而已，幾十萬至幾百萬的投資戶，對這種吸金上千億的公司來說都只是小咖，如果他們公司真的那麼好、這麼棒，直接去找財團合作絕對更快、更好，一單少說數十億元以上；假如我一人投十萬，要多少單才能抵得過財團所拋出的一單呢？更何況有人只投數千塊。

投資每個項目前，你是否只關心利益？
推廣任何項目時，你是否只想賺獎金？

惡質傳直銷：商品盤

開始討論商品盤之前，筆者要先解釋這裡指得是那些本質已被扭曲的惡質傳直銷，而非市面上那些合法經營的傳直銷公司。我自己也有加入過一些傳直銷公司，他們的品牌精神、產品品質真的很棒，市面上很難用同樣的價格買到如此高品質的產品，且除了產品讓人滿意外，又能為自己帶來收入，實在非常棒，筆者自己也很喜歡這樣的商業模式。

講到這，就讓筆者想起先前曾被朋友拉去聽過傳銷說明會，該公司的員工各個都很會演，不斷高喊著：「我們要成功，Yes ！ Yes ！ Yes ！」現場氛圍超激勵、超有感，滿滿正

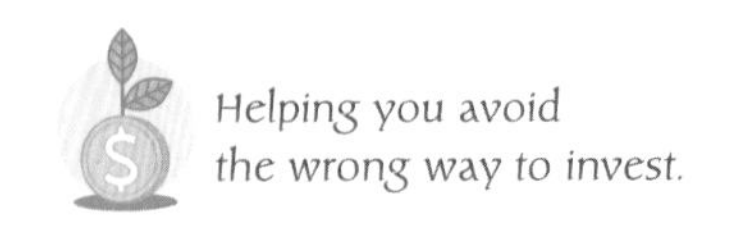

能量，如果覺得心情鬱悶，需要被鼓舞，那筆者大力推薦你去參加這類的活動。

裡面的主管會不斷炫富、造神，告訴在場的新朋友自己賺了多少錢，好多新人加入沒多久便賺進兩、三百萬，想給家人更好的生活嗎？反覆圍繞著這個話題，如魔音穿腦般不斷地鼓吹、慫恿你，然後拿單子出來請你現場立刻加入，不然就會錯過絕佳的位置。

如果你問「何謂最佳的位置」？這時他們就會開始跟你分析加入的好處，試想，假如你還在考慮，結果晚你一天聽說明會的人當場加入，你會不會很懊惱呢？因為你加入後，他就賺到你的獎金了，本來應該是你來賺他的錢呀，而且後面還有一堆人排隊等著加入，俗話說過了這個村，就沒那個店，賺錢就是要快！

但筆者敢跟你掛保證，你錯過這個村之後，絕對還能遇到下一間店！相信我，兩個月後再回來，他們一樣歡迎你，即便過了半年，他們同等歡迎。只能說他們公司內部的教育訓練實在太成功了，甘拜下風，而且之前被朋友拉去聽的說明會，該直銷公司的董事長好像被檢方抓起來盤查了，但底下的團隊卻還是敢繼續騙，洗腦聽眾那些是假新聞，若當時你也在現場，會不會跟筆者一樣不小心笑出來呢？

有時候真不知道這些公司到底在瞎忙什麼，結束時還千交代、萬交代，要聽眾們回家先不要跟家人說，怕讓家人們誤會，我想你們應該是怕謊言被戳破吧？倘若產品真如你們所說這麼厲害、這麼神奇，為什麼要怕別人知道呢？以筆者的立場，好的商品人人搶著要，那我當然要分享給家人、朋友知道呀！他們的心態擺明是錢還沒進到他們的口袋中，所以這些好康通通都是不能說的秘密。

在加入一個傳直銷團體時，你是否有想過他們的產品是否真的具有價值？抑或這又是一個變相的資金盤呢？惡質傳直銷公司賣得其實不是商品本身，而是那些新加入會員的會費而已，自然不在乎商品實質的價值，那只是個名目，因為公司要有商品、有名目後才得以蒙混，致使一般民眾無法輕易分辨，說白了，又是要騙你口袋的錢。

舉例來說，近年很流行將購買靈骨塔位視為投資，相當暴利，現在買一個塔位 10 萬，慢了就又漲到 13 萬，一個塔位少說可以賺到 3 倍，也就是以 30 萬賣出，那請問再下一個購買塔位的人，是不是也想賺 3 倍呢？這樣塔位售出的價格就高達 90 萬了！

但誰會花 90 萬來買塔位？而且若拿該塔位去做市場成本估算，價值可能還不到 1,000 元，對方拿 1,000 元的東西賣你 90 萬，若這樣還能成交，不是你傻，要不就是對方瘋。

這類傳直銷團隊，都會先安排好幾個橋段，派出演員 A、B，讓你在不知不覺中成為任人宰割的肥羊，帶你進來的朋友會先介紹他的上線 A 或其他團隊人員，請他們來做解說，談完後便要求你當下馬上加入，不讓你有回家思考的機會，如果你回答身上沒那麼多錢，他們會說：「沒關係，不然等等一起去附近的 ATM 領錢。」倘若你猶豫不決，這時 B 角色就出現了，在最適當的時間出來敲邊鼓，說道：「你看，當初我也是負債累累，現在卻十分感謝公司，它帶給我無限的可能，擁有財富後，生活品質大大提升……」試圖對你洗腦。

以上這些說法相當耳熟吧？因為他們的目的只有一個——從你口袋挖出錢財，一點一點地把你榨乾。現在明白為什麼有這麼多人對傳直銷反感了吧？好的商品大家應該都會很喜歡才對，但原先優良的體系卻被有心的老鼠屎們破壞了。

那除了上述原因，還有哪些因素導致傳直銷被討厭呢？

首先，商品本身是不是自己喜歡的？或許在你眼裡，這間直銷公司的產品你根本用不到，但如果這間公司的產品，是你喜愛或對你有用處的東西，例如最新的蘋果手機，我想你就不會對這間公司這麼反感了吧？排斥程度大幅降低。

其次則是這個產品並沒有那個價值，好比一個 20 元的東西你要賣 200 元，這不就是以商品為耳目，實質在做資金盤項目嗎？消費者不是傻子，明明 20 元就能買到同類的商品，為何要用 200 元來跟你買？而且還必須每月、每季重複消費，不然就會失去會員資格。一般的會員資格能領到獎金，而重複消費的制度則是讓團隊及上線有繼續獲利的機會，試想，假如你的下線不再購買商品，獎金要從哪裡來呢？

第三，加入直銷後根本賺不到錢，那些賺到錢的人是剛好符合這個工作的特質，又恰好受到老天眷顧，很幸運地做起來，但並非人人都有這樣的條件，這也是為什麼很多人做沒多久便退場的原因。我們之所以會加入，就是要來賺錢的，誰都不想被人笑話，還賺不到半毛錢。

但那些想賺快錢的營運團隊，把傳直銷的本質改變了，不再倡導自家產品的好，一心想著如何拉人，尋找會員來賺取獎金，以求更快的速度賺錢。只要上線抱持著這個想法，把人騙進來再說，那下線也會用同樣的方式來經營，扭曲傳直銷最原始的初衷，使人們敬而遠之。

說到這，希望讀者們在參與任何投資項目前，都應想清楚，做過風險評估後，再決定自己能否承受損失的風險，而不是一味地追求報酬。

資金盤背後的風險絕對不僅如此而已，更有人因此家破人亡，所以，筆者建議資金較保守的人還是別輕易碰才好，以免自己賠本外，還成了拉人的幫兇。只要這類資金盤的負責人被提告，你也難逃法外，因為你也在這過程中拉了很多人，莫名其妙便成為他們的共犯。

他們的宣傳手法都是利用人性想發財的欲望，打著只漲不跌的口號，說著外面投資有漲有跌，我們卻能每個月給你 20% 的利息，想想銀行一年只有 1% ？這天和地的差別，不斷將你內心的貪念牽引出來。

說貪念或許不太好，畢竟市場上的投資報酬率實在無法滿足我們，只要有高報酬的誘惑，一般人肯定會上鉤，但筆者個人認為資金盤上所說的高額報酬根本信不得，雖然你看著帳面數字不斷增長，卻無法出金至現實世界中，這就好比你銀行帳戶有 1 億元，每月卻只能領 100 元出來，是不是很荒唐呢？

那如果你真的想要嘗試投資呢？就筆者的看法，你還是可以玩，但首要前提是不影響到日常生活，且心態是否健全也相當重要，這就是個投機的項目，它能讓你產生暴賺的機會，自然也有可能讓你損失歸零，就像一場賭博，應謹慎而為之。

人性的貪婪，是明知道前面可能是懸崖，你仍好奇地想賭上一把，人生嘛，總要有點賭博的樂趣才精彩，好比中樂透彩券的機率分常低，可你就是想去買個機會，大家的想法都是一樣的。下一章，要跟讀者們介紹近年相當盛行的投機項目「比特幣」，了解它究竟如何運作，又為何能賺錢。

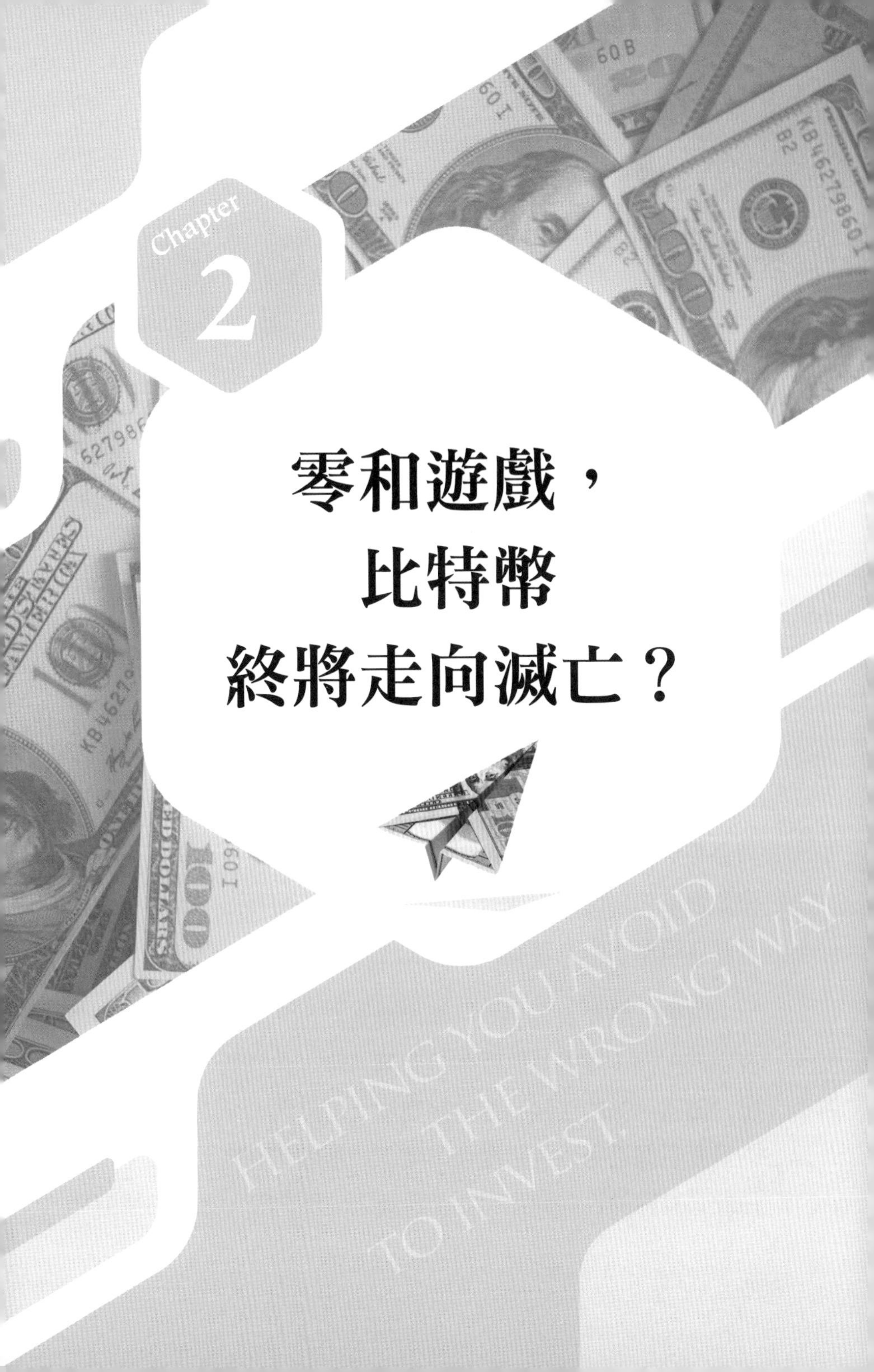

Chapter 2

零和遊戲，比特幣終將走向滅亡？

1 投機的好去處

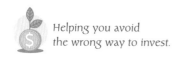

接著和各位介紹一下近年最火紅的虛擬商品「比特幣」，說到比特幣，大家一定都聽過新聞報導上說比特幣又漲了多少，然後有一窩蜂的人搶購比特幣或是挖礦……但你完全聽不懂？又聽到其他人利用比特幣來詐騙，使場外投資者認為該項目的風險很大？其實只要搞懂比特幣，你會發現這類東西，就好比我們航行在海上一樣，知道所在地及目的地的方位後，明白自己始終往目的地行駛，就不會那麼恐慌了。

這裡說的比特幣，是單純以虛擬貨幣的概念下去探討，而非參雜資金盤，用來魚目混珠的商品，章節最後才會另外分析資金盤是如何使用虛擬貨幣來進行騙、如何套路，為什麼現在提到比特幣，人人就想到詐騙？

其實比特幣真的只是一項虛擬商品，人心才是形成比特幣詐騙的主因，這就好比我們看到菜刀時，會想到如何用它來做出一道道美味的佳餚，而非想到拿菜刀去傷人。因此，比特幣的負面新聞之所以會這麼多，便在於那些不肖商人（騙子）運用此具有前瞻性的商品，在市場尚未成熟之際，大眾不了解的情況下，以魚目混珠的方式來包裝行騙。

很多人會議論比特幣現在到底有沒有價值可言，為什麼它的國際價格能超越黃金的價格，它究竟有多大的魅力？我們就先來聊聊價格是如何被拱起來的吧！

一件商品的價值是取決於市場的供需決定，
而非商品本身所創造的生息。

零和遊戲，有人賺錢就有人賠錢，完全取決於市場上各項交易買賣，當賣家賺了 50 元，等於買家賠 50 元，在這一賺一賠中相互減去剛好為零。好比 A 覺得自己手上的畫作價值 100 元，B 看到後也認同這幅畫有 100 元的價值，因而向 A 支付 100 元買下這幅畫作。

經過一段時間後，市場上開始有很多人討論起這幅畫，這時 B 認為該畫作應該要有 200 元的價值才對，於是決定再將畫作拿到市場上販售。拿到市場後，C 小姐被這幅畫深深吸引住，認為畫作只賣 200 元太便宜了，應該具有 300 元的價值才對。B 聽到 C 小姐的提價，心中覺得自己賺到了，本來只打算賣 200 元，現在卻可以賣到 300 元，誰會不答應呢？於是這幅畫又以 300 元的價格販售給 C 小姐。

▲零和遊戲。

這項商品的數量從頭到尾都沒有變過，但其價值卻能從原先的100元拉抬至300元，因此，投機不在於商品本身可以創造多少利潤，而是要能被市場所認同，假如這樣商品沒有炒作價值，便會被市場淘汰掉。

當上帝問：「我讓你賺到1,000萬，你會很開心嗎？」
此時的你應該開心到睡不著吧，
接著，上帝又問：「但如果你得用20年才能賺到這1,000萬呢？」
這時的你應該就會覺得不怎麼開心了吧？

好，現在重點來了。賺到1,000萬取決於時間問題（減時理論），我們都希望能在最短的時間內賺取財富，然後好好享受人生，但如果我們到80幾歲才變成富翁，那時人都老了，也沒那個體力和精力去享受人生、環遊世界，或是臥病在床，連健康的身體都沒有了；且當我們富有之後，勢必會想跟親人們共享這份喜悅，若這時父母和另一半都不在了，那這遲來的財富，對你又有何用呢？

所以，為了更快達到目標，我們必須找到高報酬的商機，讓自己快速取得財富自由，好比你看準一塊土地，認定它未來一定會暴漲，而未來也確實變成都更計畫區，價格漲了 10 倍。

大家可以想想 30 年前的台北地價、房價，若你能未卜先知，當時再怎麼沒錢也會借錢來買吧？這裡先撇開資金盤不談，因為筆者認為資金盤賭的是時間，賭回本的速度，但時間就是最大的風險，大多數的人都判斷錯誤，在這上面賠了本。

所以，我們更要洞察先機，尋找好的商品，別老想著炒房、炒匯率，黃金、股票之前也都炒過了，那現在到底流行炒什麼？現在更流行炒幣！

一鳥在手勝過百鳥在林

炒幣，至少幣是自己的，存放在自己的帳戶內，只要小心操作資產，就不用整天擔心錢會被別人騙走，比起把錢放在他人那邊代操使用的資金盤，是不是來得更為保險、更實際、安全些呢？

投資市場的人常說「幣圈一天，股市一年」，可以見得虛擬貨幣的價格波動很大，可能一天就反應了股市一整年的行情，從黃金交叉到死亡交叉，這些波動在股市要用整整一年的時間來發酵，甚至更長，但在虛擬貨幣的市場，可能幾小時的時間，買賣訊號便反轉了。

當牛市來臨時，一天的漲幅更可能來到好幾個百分比，但市場行情不好時，也同等地會讓你跌到懷疑人生，曾經怎麼漲就有可能怎麼反跌。

比特幣是近年相當熱門的話題之一，也是虛擬貨幣的代表之作，不但扮演了虛擬貨幣領頭羊的角色，更是這幣圈的精神指標，因為有了比特幣，之後才又誕生其他的小幣；且比特幣不僅是幣圈的趨勢指標而已，它更會提前反應這幣圈的市場價格行情，所有的價格波動都會先反應在比特幣上面。

這個概念有點類似國際股票市場中的美股，它的行情會帶動整體的國際股市，若以台灣股票來說，比特幣就像台股中的台積電，它的漲跌牽動著整個大盤指數，且也是台股成分比最高的。

目前虛擬貨幣市場中的虛擬貨幣加總起來近萬種幣別，近期 2018 年曾大幅下跌，經過熊市洗禮後淘汰掉近半數，2019 年底剩 5,000 多種幣別，這些僅存的虛擬貨幣仍在接受市場的洗鍊，未來如何發展沒有人知道，但還是努力拚搏著。

平常我們可以透過 CoinMarketCap 平台，查詢各種虛擬貨幣目前在市場上的漲跌趨勢，而這些貨幣都會跟著比特幣的價格走動。一般主流幣會先領漲，將漲勢帶動至整個虛擬貨幣市場，漲到一定階段後才輪到小幣，而輪到小幣表現時，其漲跌程度勢必會比主流幣更具波動，讓大額資金的投資者較好操作，畢竟像比特幣或乙太幣這類的主流幣種，是無法單靠一方炒作的，完全依據市場所有的投資者來發展。

另外，CoinMarketCap 平台顯示的是目前市面仍在流通的幣種，名次依市值來排行，如旁邊有標註＊字號，代表該幣種無法透過挖礦來取得。

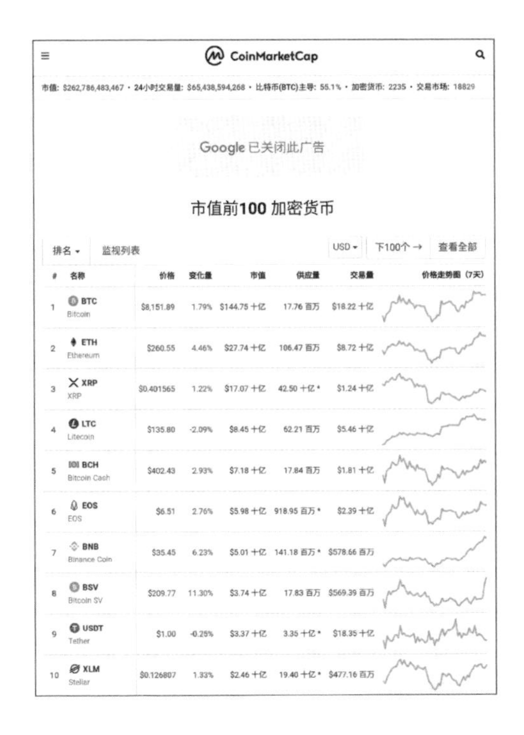
CoinMarketCap

市值: $262,786,483,467 • 24小时交易量: $65,438,594,268 • 比特币(BTC)主导: 55.1% • 加密货币: 2235 • 交易市场: 18829

Google 已关闭此广告

市值前100 加密货币

排名 监视列表 USD 下100个 → 查看全部

#	名称	价格	变化量	市值	供应量	交易量	价格走势图（7天）
1	BTC Bitcoin	$8,151.89	1.79%	$144.75 十亿	17.76 百万	$18.22 十亿	
2	ETH Ethereum	$260.55	4.46%	$27.74 十亿	106.47 百万	$8.72 十亿	
3	XRP XRP	$0.401565	1.22%	$17.07 十亿	42.50 十亿 *	$1.24 十亿	
4	LTC Litecoin	$135.80	-2.09%	$8.45 十亿	62.21 百万	$5.46 十亿	
5	BCH Bitcoin Cash	$402.43	2.93%	$7.18 十亿	17.84 百万	$1.81 十亿	
6	EOS EOS	$6.51	2.76%	$5.98 十亿	918.95 百万 *	$2.39 十亿	
7	BNB Binance Coin	$35.45	6.23%	$5.01 十亿	141.18 百万 *	$578.66 百万	
8	BSV Bitcoin SV	$209.77	11.30%	$3.74 十亿	17.83 百万	$569.39 百万	
9	USDT Tether	$1.00	-0.25%	$3.37 十亿	3.35 十亿 *	$18.35 十亿	
10	XLM Stellar	$0.126807	1.33%	$2.46 十亿	19.40 十亿 *	$477.16 百万	

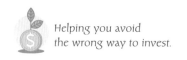

在一般情況下，資金會先流入比特幣，再到主流幣，當比特幣漲幅縮小，漲幅出現壓力時，資金才會開始流入小型幣，此時小型幣的漲幅將超過比特幣數倍。

但如果預估市場行情可能走低時，則會先撤出小型幣，轉為入手較保值的比特幣，因此比特幣也同時扮演著避險的角色，且很多小型幣都必須用比特幣才能購得，無法直接使用法定貨幣在平台上交易，所以比特幣也是所有小幣種的對接母幣。

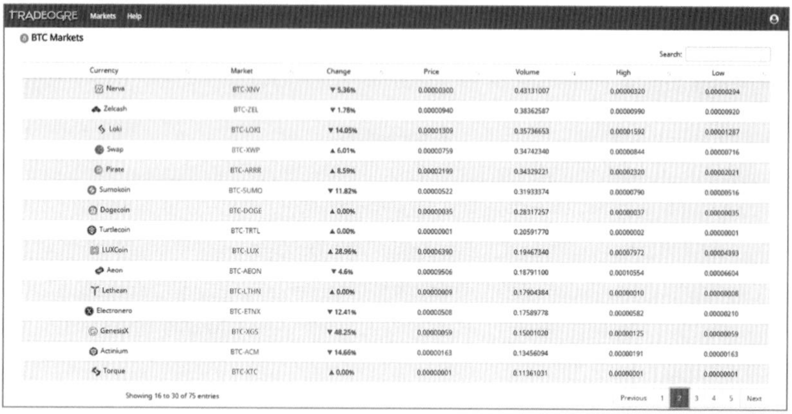

TRADEOGRE Markets Help

BTC Markets

Search:

Currency	Market	Change	Price	Volume	High	Low
Nerva	BTC-XNV	▼ 5.36%	0.00000300	0.43131007	0.00000320	0.00000294
Zelcash	BTC-ZEL	▼ 1.78%	0.00000940	0.38362587	0.00000990	0.00000920
Loki	BTC-LOKI	▼ 14.05%	0.00001309	0.35736653	0.00001592	0.00001287
Swap	BTC-XWP	▲ 6.01%	0.00000759	0.34742340	0.00000844	0.00000716
Pirate	BTC-ARRR	▲ 8.59%	0.00002199	0.34329221	0.00002320	0.00002021
Sumokoin	BTC-SUMO	▼ 11.82%	0.00000522	0.31933374	0.00000790	0.00000516
Dogecoin	BTC-DOGE	▲ 0.00%	0.00000035	0.28317257	0.00000037	0.00000035
Turtlecoin	BTC-TRTL	▲ 0.00%	0.00000001	0.20591770	0.00000002	0.00000001
LUXCoin	BTC-LUX	▲ 28.96%	0.00006390	0.19467340	0.00007972	0.00004393
Aeon	BTC-AEON	▼ 4.6%	0.00009506	0.18791100	0.00010554	0.00006604
Lethean	BTC-LTHN	▲ 0.00%	0.00000009	0.17904384	0.00000010	0.00000008
Electronero	BTC-ETNX	▼ 12.41%	0.00000508	0.17589778	0.00000582	0.00000210
GenesisX	BTC-XGS	▼ 48.25%	0.00000059	0.15001020	0.00000125	0.00000059
Actinium	BTC-ACM	▼ 14.66%	0.00000163	0.13456094	0.00000191	0.00000163
Torque	BTC-XTC	▲ 0.00%	0.00000001	0.11361031	0.00000001	0.00000001

Showing 16 to 30 of 75 entries

Previous 1 2 3 4 5 Next

▲ BTC 幣幣對。

技術分析失靈

那想藉由炒幣賺大錢的人，筆者想給你們一些建議，本書不是要強調比特幣多有魅力或多有好處，因為這些資訊網路上非常多，根本無須我多做介紹或加以推崇，筆者只想針對一些該留意、須注意的可能風險來探討，希望讀者們能意識到投機市場中存有的高風險。

「投機」的風險較大，雖然人性總是貪婪的，但無論在怎麼樣的情況下，都切勿借錢來進行投資，才不會因此讓自己背負著還款的時間壓力，破壞原先的投資計畫。畢竟不是每次的投資都會如心中預期般那樣幸運，我們在買幣的當下可能不慎下跌，這時若有突發狀況，需要現金急用，幣價卻未漲回當初購買的價格，那你只好忍痛認賠。

這樣對你的投資收益一點幫助都沒有，反倒多虧了一筆錢，只能說投資市場上沒有所謂的專家，只有輸家和贏家，在獲利見好的情況下就應當收手，因為你永遠不知道下一步會發生什麼事情。

更何況你涉獵的是投機而非投資，技術分析只能用來當作參考，無法全然相信，當然，技術分析還是有它的功用和參考價值，不然不會被我們廣為運用這麼多年還歷久不衰，而且你千萬別忘了，技術分析只是從過往的線形圖，來判斷未來可能走勢，不一定真的如此變化。

投資市場上不會有絕對，只會有相對的事情發生，投機是看短、賺到就收，反之，投資是可以放長線釣大魚的，等待長期看漲的機會，當市場買超時可能會有超買，而賣超出現時，又可能來個大超賣，因此，我們對市場永遠都要抱持著敬畏的心，千萬不要太自滿。

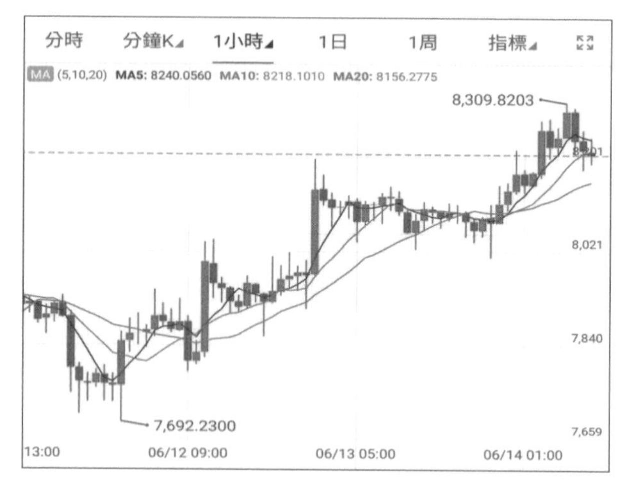

▲一波比一波高。

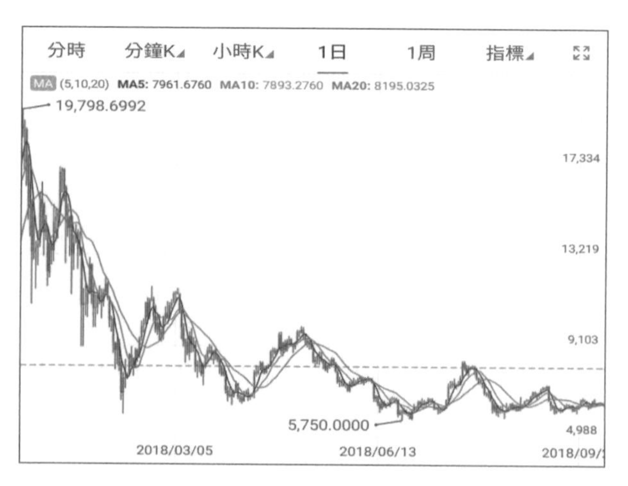

▲一波比一波低。

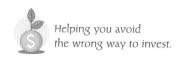

所以，在投資布局上，應該為自己做好風險控管、設立停損點，這不僅是保護自己，也是對自己負責任的態度。筆者建議投機金額設定為總資產的 5% 就好，切勿操之過急，把大筆資金全都挹注在虛擬貨幣上面。

這不是要你捨棄賺錢的機會，而是為了等待更好的賺錢時間點，面對市場我們要以冷靜的心來判斷局勢，順勢而為，而不是逆向操作，以碰運氣的賭博心態來執行。因為即便投資失敗，我們損失的錢也不過是總資產的 5% 而已，不會全部歸零，影響到日常生活及情緒。

虛擬貨幣掌控在自己手裡，一般人賠了一半的時候，內心就會產生恐慌，心想那不如全撤出了吧？這不像資金盤，錢灑出去就是在填坑，發現苗頭不對時，還來得及退出，只要將手中持有的虛擬貨幣賣掉就好。

人們在失去時的痛苦，往往會大於獲得時的快樂，也就是說，同樣是失去跟獲得，一般人較無法接受損失，寧可當初沒有得到，也不要失去；投資也是同等的，我寧可少賺一些、甚至不賺，也不想要賠錢。

且我們通常在虧錢後，內心一定都會有些許的不甘心，只要不賣掉，抱持著總有一天會漲回來的心，那就等於沒有任何虧損，就這樣一直等、一直等，有時看市場價格更低的時候，還想以攤平的方式，繼續入場來降低購買總成本，覺得自己的運氣應該不至於這麼差吧？

很遺憾，我們的運氣就是這麼差，都已經漲不回來了，怎麼還有可能攤平呢？你越投入，就等於損失越多。

投資報酬率＝（期末淨值－期初投入）／期初投入

炒幣要先設好風險管控，以本金10,000元為例，當我們損失5%金額時，就必須上漲至5.26%才能回本，當損失20%時，就得要提升25%才能回本，如果放大跌幅來到50%呢？那就必須等它漲到100%時才才可能回本了，以此類推，若跌到90%，帳戶只剩1,000元，而我又賭定它一定漲呢？

每次的投資，我們總會過分期待，相信它總有一天會漲回我們的本金，但跌到90%不就等於要上漲900%才有可能回本？各位知道900%是多少嗎？等於要漲9倍，而這9倍的獲利是多困難的事呢？更何況當初一路跌到谷底，要想在市場上被投資者重新拿來炒作，根本是不可能的事情。

本金	10,000	
金額	損失 %	回本 %
9,500	5%	5.26%
9,000	10%	11.11%
8,000	20%	25%
7,000	30%	42.86%
6,000	40%	66.67%
5,000	50%	100%
4,000	60%	150%
3,000	70%	233.33%
2,000	80%	400%
1,000	90%	900%

僥倖非長久之計

雖說技術分析不是萬靈藥，無法保證未來的走勢，但跟那些只聽明牌或憑感覺下單做買賣的人相比，還是比較強吧？畢竟他們那樣的操作模式，就好比是矇著眼睛在市場上跟眾人打仗，抱持著僥倖的心態，完全靠運氣來進行投資，到頭來可能換得一場空。

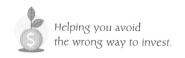

循著過往的跡象去判斷未來可能走勢，就像我們常聽市場分析師說：「如果比特幣上漲突破 10,000 元，突破這個壓力線後，未來就會一路往上進攻；反之，倘若比特幣跌破 6,000 元的支撐線，幣價就會一路往下探，至於跌多少？沒有人知道。」這些漲多必跌、跌多必漲的規律，完全反應在歷史軌跡上，因此那些說技術分析不靠譜的人也不大正確，不然市場怎麼會有一堆分析師用了多年還不捨棄，你說對嗎？

比特幣相對較為穩定，要靠單一主力故意去放空或拉抬，老實說非常困難，跟鴻海股票一樣，有可能憑著你一己之力，便將它放空到 30 元價位嗎？市場大，交易者相對也多，假如你是一名想放空比特幣的大咖好了，當你想放空時，剛好市場又一路看好，不斷有人進入市場、不斷買進，這樣你等於用賤價讓這些投資者撿便宜，價格不跌反升。

且除了技術分析外，我們還要考量市場的消息面，承接上面的例子，當你不斷放空時，就會有莫名的人持續跟進，跟百貨公司周年慶一樣，價格越便宜、回饋越多，想撿便宜的人自然會聚攏，所以當利多的消息釋出時，你應該順勢操作，不能心存僥倖地與它作對，這種對賭心態往往是賺不到錢的。

況且比特幣這項商品當初就是在網路論壇上發酵的，經由市場的炒作後才有如今的價位，倘若市場毫無討論熱度，這幣自然乏人問津。

- **技術分析可判斷未來價格的走勢。**
- **消息面可以看出市場對該幣的價格影響。**
- **思考幣的實際價值，從基本面考量。**

以上面面俱到，才是一個投資者取得必勝的基本條件。

2 激情過後剩下什麼？

聊了這麼多，究竟什麼是比特幣呢？近年常聽人家討論比特幣，但證券交易所的專員又說沒在販售這項投資產品，只有基金、保險、證券以及衍生性投資商品等，就是沒辦法幫忙申購比特幣。

比特幣起源於 2009 年，網路上有一位名叫「中本聰」的人，在論壇上發表了這套點對點的去中心化系統，由於 2008 年次級房貸的爆發，導致許多銀行面臨破產危機，社會大眾開始對國家建立起的金融體系產生不信任感，因而有比特幣的誕生，它不透過任何國家政府、銀行或企業機關發行，以實現去中心化的貨幣金融理念。

比特幣的發行數量僅有 2,100 萬枚，挖完便不再產出，所以不會有通貨膨脹的問題產生，不像國家可以任意印製鈔票，使價值變低。且挖礦每 4 年會減半一次，從最原先完成一個區塊獲得 50 顆比特幣，到 4 年後減半為 25 顆，挖礦的難度只會越來越難，不用擔心市場流通過量。

在進行交易時，所有的交易都會被記在全網上，所有參與的人都會知道這筆交易，資料無法被竄改，交易時間也必須經過 6 個區塊的確認後，交易才算成功。

我們可以試著想想皮夾裡的法定貨幣，就是基於人民對政府的信任以及受政府監管，鈔票才因而有價值，不然也不過是張紙罷了。今天任何一張印有卡通人物的紙鈔，即便寫上價值、金額，若用它來買東西，也不會有人願意收，它只會被認定為惡作劇的玩具假鈔。

所有國家、政府所發行的法定貨幣，皆以國家為中心，具有法律上的正當性，因而能自行決定是否印製鈔票，但政府擁有自主權時，印製過多的鈔票反而可能造成市場不平衡，導致通貨膨脹越發嚴重，好比辛巴威這個國家，你知道他原先是個發展不錯的國家嗎？但因為政府大量印製鈔票，破壞市場均衡，致使國內物價不斷攀升，鈔票越來越不值錢。

▲辛巴威幣。

上圖為辛巴威發行的最高面額 100 兆鈔票，沒錯，你沒有眼花，在辛巴威人人都是億萬富翁，但這 100 兆面額的辛巴威紙鈔價值很高嗎？它只能讓你買到一根香蕉而已……你能想像在辛巴威路邊的麵攤吃一碗麵，必須用麻布袋裝一整袋的鈔票才能付錢嗎？而且拿著這麼多錢，也不會有人想搶，因為搶到這一麻袋的鈔票，可能過沒多久就沒價值了，只能當衛生紙使用，所以平常企業在發放員工薪資時，他們根本不想要鈔票，因為那根本就沒有價值還佔空間，寧願公司發放實質的麵包，這還比較實在。

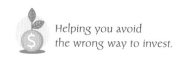

在非洲地區的國家，人民往往比較期待以美金或其他更有價值的貨幣作為交易媒介，甚至有人提倡用比特幣。為什麼會有人提出用虛擬貨幣做媒介呢？因為在非洲國家，並非所有人都有銀行帳戶，絕大多數的人都將現金擺在家中，但現金要存放妥當實在不方便，放家中床下或埋在土裡，都相當麻煩……但如果換成虛擬貨幣就不一樣了，沒有存放的問題，又到哪都能交易。且因為比特幣是限量發行，所以不會有鈔票亂印的問題，每筆交易以區塊鏈的概念交易，安全性高出許多。那你知道什麼是區塊鏈嗎？

區塊＋鏈＝區塊鏈

確認完成後會形成一個區塊，把所有的區塊鏈結在一起，就叫區塊鏈。區塊鏈確認完成後就會進入下一個區塊，而前一個區塊無法任意進行竄改，那如果有駭客攻擊呢？這相當有趣，也不是不可能，只是難度非常高，需要全網參與人數51% 同意才能竄改。

你可以試想，當我們主辦一場婚禮時，在場所有人都是你的見證人，日後若想反悔說這段夫妻關係是假的，你覺得會有人相信嗎？除非你收買在場所有的人？區塊鏈就是如此，若想更改不算數，除非你擁有那 51% 的攻擊能力。

中心化：統一由國家政府管控（可決定發行數量），銀行負責記帳保管。

去中心化：每筆交易都由全網參與者記帳做見證（稱為礦工）。

因有全網做見證，所以往後想賴皮也賴不掉，做完帳後打包稱為區塊，又因為連著好幾個區塊，所以叫區塊鏈。好，再跟各位整理一下比特幣的優缺點吧！

1 比特幣的優點

1. 價值是恆定的，限量 2,100 萬枚，沒有通膨問題。

2. 具安全性（加密，無實體鈔票）。

3. 低廉的手續費，無論多大筆的交易，手續費都一樣。

2 比特幣缺點何在？

1. 交易不可逆。

2. 忘記帳號密碼無法救回來。

3. 因匿名交易，經常被用於非法交易（黑市）。

4. 公平性有待商榷，越早發現的人，取得較好價位。

5. 可複製。

3 比特幣的投資價值是什麼？

1. 市場 24 小時交易，全年無休。

2. 漲跌無限制，有可能一天衝上 50%。

3. 近期 3 個月內漲 4 倍（4,000 元→ 12,000 元）。

4. 出金（銀行 T+3 到帳）。

5. 像未開發的都市土地，可長期持有投資。

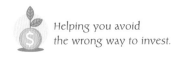

搬磚套利失去優勢

各位是不是也很常聽到搬磚呢，那請問這是什麼？搬磚，就是把你家的磚頭搬到我家賣的概念，虛擬貨幣的世界可分為幣圈、鏈圈和礦圈。幣圈指的是直接對該幣進行投資買賣，賺取價差，而鏈圈是把比特幣實際應用在生活中的食衣住行育樂之中，且區塊鏈有著可追溯性及不可竄改的特性，非常適合用來保證高單價商品的品質，除控管著每個生產製程及運輸環節外，更讓商品具有獨特性，不會輕易被仿冒，可追溯商品於哪個製程流出或出錯。

礦圈的部分則是比特幣剛出來時的型態，剛問世時以挖礦取得，看到這一定會有讀者問，到底是要去哪裡挖呢？是像挖黃金一樣嗎？是不是圓鍬準備好之後就能開採了呢？當然不是這樣，這裡的挖礦是指運用電腦來運算，破解一組組的數字密碼，而系統會給予解開密碼的人獎勵。挖礦只是一個代名詞，講白點就是參與電腦程式解密，舉凡參加這項解密活動的人，我們稱之為礦工，而提供解密的網站，則稱為礦池，這樣大家是不是比較有概念了呢？

好，現在回到剛剛討論的搬磚套利，搬磚就是把虛擬貨幣從 A 平台搬到 B 平台，賺取中間的價差，像在菜市場一樣，同樣賣高麗菜的攤販，不可能每攤價格都一樣吧？更何況是好幾個菜市場相比，一定有某市場的菜價相對便宜，而搬磚套利就是如此，在每個平台上都有同一幣種，但幣價不盡相同，存有些許價差，運用各網站交易平台上的幣價，進行買賣交易賺取價差，就形成搬磚的商機。

搬磚早期的確很有賺頭，但 2019 年後，搬磚的利潤普遍偏低，除非你是非常善於操作的專家，用寫好的程式下去換算搬運，不然人工手動搬磚已無太大的利潤可言，想自行搬磚的人可要好好想清楚呀！

Bitcoin Markets

Exchange	Pair	Last price	24 volume
Coinall	BTC/USDT	$ 8,185.00	$ 693,991,716
Oex	BTC/USDT	$ 8,185.65	$ 509,781,203
ZBG	BTC/USDT	$ 8,172.90	$ 442,567,208
BitForex	BTC/USDT	$ 8,184.41	$ 433,164,271
DigiFinex	BTC/USDT	$ 8,180.34	$ 380,599,758
BitMart	BTC/USDT	$ 8,190.87	$ 367,165,603
Binance	BTC/USDT	$ 8,185.17	$ 261,575,299
Idax	BTC/USDT	$ 8,190.26	$ 261,247,628
OKEX	BTC/USDT	$ 8,185.00	$ 230,417,774
Huobi	BTC/USDT	$ 8,189.59	$ 199,798,143
bitker	BTC/USDT	$ 8,188.53	$ 200,153,753
Bw	BTC/USDT	$ 8,169.40	$ 192,632,130

▲網站上幣價截圖。

舉例，A 平台上的比特幣價格為 8,000 美元，B 平台上的比特幣價是 8,150 美元，之間價差 150 美元，我們先在 A 平台買入較低價的比特幣，再到 B 平台上賣出這一顆比特幣，如此就賺取了中間 150 美元的價差，這樣的方式便稱為搬磚，一天搬個幾次生活費就有了。

但這些搬磚也必須考慮風險，不僅買賣交易需要扣掉手續費，連提幣轉出也有手續費，且提幣過程中還有時間性考量，有沒有可能提幣過去後，B 平台的比特幣就降為 8,000 元了？時間一拖，這價差就這樣沒了？甚至要考慮交易平台是否安全、可靠？有的小型交易平台可能你錢進得去，但不見得出得來。

現在參與平台交易的人較兩年前高出許多，致使各平台上的價差越縮越小，可能只剩幾十塊的差距，建議搬磚時需扣除以上成本，以及搬一次至少要有 2% 以上的淨利潤，再考慮去搬會比較恰當，免得瞎忙一場。

1 提領手續費

當我們在提領虛擬貨幣時，平台會另外收取手續費。

2 時間差問題

當提領至另一個平台時，這段時間市場價格可能產生變化，發生沒賺到錢還反虧本的情形。

3 平台安全性

慎選交易平台，有些小平台看起來就無法讓人相信，網頁簡陋，寫信反應客服又完全沒消息，請問這樣你的資產真的安全嗎？會不會被捲款呢？帳戶上的資產雖有顯示數值，但要能出金才是重點！

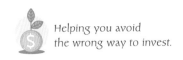

A 平台	→	B 平台
比特幣以 8,000 元買入	→ →	比特幣價以 8,150 元賣出

你可能因為賺了 150 元的價差感到很開心，但其實根本賺不到 2% 獲利，如果又扣除搬磚的買賣手續費，獲利可能更少，更沒吸引力了，且目前較為安全的大型交易平台，其中的價差也越來越小，現在極少數是用人工下去搬磚，大多使用智能搬磚程式，即時監控、掌握最新價位，不用一直盯著盤看、等待最佳的時機。

若要搬磚，筆者建議至少開 10 個以上交易所，且必須是大間有保證的交易平台，搬磚真正的意義在於增加該幣種的數量，當然也可以選擇你想要的幣種來進行搬磚，開好了數個交易所後，並完成身份認證，就可以開始進行囉。

礦機拋售潮

人們常說的挖礦，那是怎麼挖呀？讓我們正式來介紹挖礦產業的興衰過程吧。挖礦當然不是真的拿圓鍬去挖，前文有提到，挖礦只是個代名詞，實際是用電腦下去做程式計算，解出密碼時，系統就發放代幣給解密的人做為獎勵，還記得比特幣剛出來時，一般家中的 PC 就能挖到。

而礦機就是指我們所使用的電腦硬體主機，一般開啟挖礦功能時，CPU 效能會被拉到最高，電腦高速運轉下，會不斷散熱，造成整間屋子的溫度拉高。所以現在想想，網咖的冷氣其實不是吹人的，是用來吹電腦的，而且在高效能的運轉下非常耗電，如果電腦要用來挖礦，就只能單純挖礦，無法再進行其他功能的運作，可別挖礦時還想著玩其他遊戲，鐵定會當機；而參與挖礦行列的人們，即稱為礦工。

過了幾年之後，算力難度提升了，市場上也多了很多對手，誰的電腦效能強、算力快，便能進入挖礦機的戰局之中。日子久了，比特幣的挖礦機也有進行改良，一般的桌上型電腦再也挖不動了，保證你怎麼挖也挖不到，必須更新配備，用比特幣的專用礦機才能繼續挖。

專屬礦機一台造價不斐，從 10 幾萬到 20 萬都有，不斷汰舊換新，研發新的機種出來，可能剛買不久，設備的成本才剛賺回來，又要再買新的機台了，因為如果不換新的機台，我們也將被市場淘汰掉，新的機台效能更加強大，如果還在用舊機台挖礦，下場將和當時的個人 PC 一樣，怎麼也挖不回你所付出的成本。

到 2016 年後，礦機呈規模經濟，一整片廠房式的設備機台，大大降低成本，個人挖礦也變成過去式，新時代就是用百萬等級的設備來挖，這產業帶動了所有的電腦週邊產品，大宗幣別都是使用效能強大的顯卡下去挖，也讓所有做顯卡的公司股價乘著趨勢，價格一躍而上，當時要買顯卡還要等一段時間才有貨呢，真的相當傳奇。

但好景不常，夕陽快速偏向另一端，使得這產業沒多久便走向末路，就在 2018 年初，比特幣從 2 萬美元的高點一路往下探，連動著其他小幣也跟著跌入深淵。

當幣值持續下跌時，挖礦成本反變成吞噬這行業的毒藥，每月都需要支付場地租金、電費、保險、維修費及人事成本，廣大的資金重擔，給予這塊市場的廠商狠狠一擊，直到 2018 年底，挖礦產業全面瓦解，全部停機關閉，付不出房租只好跑路走人，當時賣到缺貨的顯卡，現在乏人問津，還必須賤價出售。

挖礦即是所挖之成本遠大於直接購買成本，挖了才有利可圖！假設一個月可挖到 1 顆比特幣，其成本價是 3,800 元，在市場上購買 1 顆比特幣可能要價 5,800 元，那這樣挖來賣才有賺頭！

反之，如果直接向市場上購買僅要 3,500 元呢？那不如直接去市場上購買不是比較划算嗎？有誰會明知賠本，卻還是用 3,800 元去獲得呢？

2019 年幣價持續下探，所有的小幣慘死，假設你的挖礦成本是 5,000 元，在市場上購買一樣的量，市場的價格可能是 500 元，沒錯，完全跌破挖礦的成本價，下殺到 1 折，這些投資者真的是被打到骨折呀！

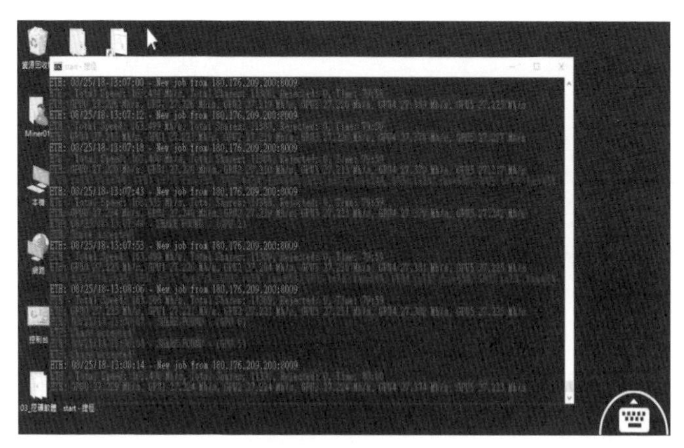

▲模擬挖礦過程。

那假如是託管的話，會不會好一些呢？我們做生意都必須考量成本問題，今天我們不砸大錢用一個規模經濟，只想參與一個 10 萬就能挖礦賺錢的機會呢？算算託管成本一個月要多少？少說也要 4,000 元左右吧？

當我挖到的幣現挖現賣，賣出的那些量，市場價就有

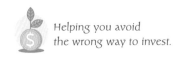

4,000 元嗎？搞不好賣掉剩 500 元，一樣倒虧，當你挖到的幣價市值始終低於投入的成本一半以上、甚至更慘時，你還會繼續奮戰下去嗎？這些虧損你能承受多久呢？

當然是先拔插頭，靜觀其變！等行情重新上漲時，再繼續開張呀，且既然都要上戰場了，你也不希望輸人一截吧？在礦機設備方面上可不能遜色，少說也要能上得了戰場！後來再仔細想想，這是我要的生意嗎？這樣大起大落是我要的嗎？我寧可賺得少，只求個穩定的生意。

以 10 萬元買礦機挖礦，但如果是直接拿這 10 萬到市場上購買，可以買到 2 至 3 倍礦機挖取的幣量，礦機只能保證一個月供你挖到多少數量，也無法保證你要的收益，行情全由市場做決定，當幣價上漲才算真的有利可圖，那虛擬貨幣要如何購買呢？

其實很簡單，只要兩個步驟……

- **註冊電子錢包。**
- **至便利商店的 Ibon 機台，就可以操作購買代幣。**

虛擬貨幣可以被切割成小數點好幾位，所以你可以把它當成零股購買，幾百塊、幾千塊都可以，0.01 顆也能交易！

如果你想投資虛擬貨幣，但始終一直找不到方向，像不知道如何註冊與買賣、要上哪個交易所進行交易，或不知道有什麼推薦的相關工具、APP，有些小幣不懂……等，希望有人幫忙分析，筆者有提供以上服務唷，想了解的人，可以掃描QRcode，希望我能給予你們更多的幫助，謝謝。

3 市場波動，新型態貨幣取而代之

我們都知道，比特幣的實際價值在於它的流通性，一項具有價值的東西，無論走到哪裡都會有人願意收下，所以比特幣並不是藝術品，只能用來收藏而已，它還具有消費支付的功能！就像在台灣，店家大多是收取新台幣，如果我今天突然拿出莫名其妙的貨幣，店家一定會認為我瘋了並拒收，因為他不知道該怎麼流通使用，且這個貨幣的價值為何，收了會不會虧本呢？

但如果我們是以國際上通用的美金來支付，我想店家就有可能願意收，他或許無法直接在台灣流通使用，但至少他可以拿到銀行去換匯，不換也沒關係，出國也可以使用。

近年，台灣有許多店家也漸漸開始接受比特幣消費，筆者想以後極有可能普及，因為台灣是一個民主開放的國家，以台北為例，路上有許多觀光客、外國人，他們帶著各國的貨幣不方便使用，所以那些觀光客常去的旅社或餐廳，有些會接受比特幣付款，只要稍微觀察一下，可以發現店家門口會張貼「可接受比特幣支付」的字樣。

在國外，甚至還有比特幣 ATM，可以隨時將你電子錢包裡的比特幣轉換為當地法幣出金，是不是非常棒呢？但一個貨幣的匯率波動如果太大，絕對不是一個好的支付貨幣，消費用的貨幣還是要有定價才行，不能同樣一項商品，今天用 1 顆比特幣購買，明天變 1.5 顆，這樣會打亂物價的平衡，尤其是熊市來臨時，牌價斷不能朝令夕改。

因為比特幣可能瞬間漲跌超過 5% 以上，若你想用比特幣來支付吃飯錢，吃之前是 10 元，吃到一半可能因為價格下跌，匯兌成新台幣的金額變成 15 元，也就是說要支付的比特幣變多了，但吃飽後又漲到 20 元，隔天想再吃一次時，沒想到竟變成要價 60 元新台幣的價值。

倘若每次支付的價格都不一樣，就完全尚失貨幣用來支付的基礎信任價值，原先說好這比特幣有 10 萬台幣的購買力，幾天後卻可能只剩 8 萬，那這個貨幣將會變得毫無公信力，長此以往下來，商店也會漸漸開始拒收。

店家收取的比特幣數量應該要剛好與台幣價格等值，但如果比特幣狂貶 50%，那昨天收取的比特幣，其價值也要折半，只有等到比特幣再上漲時，店家才會感覺比特幣有賺頭，價值可能再成長。

再來就是支付上可能有些不便，比特幣支付的等待時間較長，在交易的過程中至少要等 6 個區塊完成確認，需要 15 分鐘，忙碌時更可能等上 1 小時，才能完成此筆交易，對方的電子錢包確實收到錢。

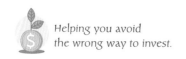

但時間不就是金錢嗎？既然都是電子支付功能，我為什麼不使用 Pay 支付或直接刷卡呢？這樣不是比較快嗎，況且用 Pay 支付，不會因為今天扣 20 元，明天就變成 30 元，穩定的幣價才是買賣良好的媒介不是嗎？

▲吃東西 vs. 通貨膨脹。

新型態貨幣之取代

比特幣雖有著種種優勢，但它同樣有著不完美的地方是我們不能忽略的，如果哪天有更好的幣種出現了，新誕生的幣也相當有機會威脅到它，甚至取代它的地位。

如果有一種虛擬貨幣，
其傳輸的速度僅幾秒便能到帳？
價格匯差波動更幾乎等於零？
且市場上的運用更加廣泛，能為多人使用？
這時比特幣的價值又會何在……？

老一輩的投資人大多不相信虛擬貨幣這類新型產品，很多投資老手會認為虛擬貨幣不靠譜，覺得這根本就是個騙局，所以虛擬貨幣的投資者才大多是年輕人。那為什麼老一輩的投資者對虛擬貨幣的接受度會比較低呢？

就筆者的觀點來看，那時他們幾乎都是靠股票及房地產致富，若跟他們談股票或房地產，大多會沾沾自喜，但虛擬貨幣對他們來說是陌生的，自然不願意接觸這類新型態的投資項目，就好比當初較他們更老一輩的人，也不相信房地產跟股票一樣，不認為這可以為他們帶來財富。

當面對新時代的到來時，我們不應該一開始就否認與排斥，應試著去面對與學習，虛擬貨幣市場的賺錢速度，與傳統投資項目相比，簡直就像上戰場作戰一樣，它帶來的財富，可以讓我們自信地對敵人說：「我們的刀劍是最鋒利的。」

就連一統天下的秦始皇軍隊都不是我們的對手，他們可能還認為自己的弓箭手無比英勇，能射擊到 800 公尺外的敵人，殊不知新時代的人卻是用機關槍、巡弋飛彈在作戰。

而這就是時代上的落差，當你還在用騎兵作戰時，對方早已開坦克車輾壓了，財富的累積自然無法比擬。

時代的演進，其實就有如……

打火機出現，火材消失；

計算機出現，算盤消失；

CD 播放機出現，錄音機消失；

數位相機出現，膠捲底片沒市場；

Line、微信出現，沒人發簡訊；

智慧型手機出現，傳統 2G 手機沒人使用了！

但以上這些，並不是要奪走誰的生意，而是因為時代的演進，人們開始接受新的事物，讓生活更加便利。虛擬貨幣也是如此，比特幣出現之後，衍生出各式各樣的新型態貨幣，以下分析幾種最有名的虛擬貨幣，且都是各大交易平台及電子錢包中較廣泛流通的主流幣。

1 萊特幣

萊特幣是世上第二個誕生的虛擬貨幣，誕生於 2011 年

10 月，總發行數 8,400 萬枚（可挖礦），俗稱為虛擬貨幣的白銀（比特幣是數位黃金）。它的出現，優化了比特幣交易速度較慢的問題，假設比特幣 10 分鐘才能完成一個交易，那萊特幣平均 3 分鐘就能完成一筆交易。

萊特幣全面複製比特幣的模式，同樣為限量模式，不會有超發的問題，貨幣更具保值性，但因為它都是參照比特幣缺點，來進行技術上的修正，始終跟在比特幣後面低調行走，所以價格的漲跌也大多貼近於比特幣，當比特幣上漲時，它跟著漲，當跌勢來臨時，它同樣跟著下跌。

雖然是限量發行，但總發行量卻高達 8,400 萬顆，是比特幣 4 倍之多，相較之下，數量就沒有比特幣來得珍稀，且早期持有比特幣的人，萬萬沒想到它會備受矚目，大多忘記當初設定的帳號密碼，以致市面上流通的比特幣減少。

萊特幣同樣採用挖礦模式，獎勵也跟比特幣一樣，每 4 年減半一次，後期的挖礦難度會越來越困難。

2 瑞波幣

瑞波幣誕生於 2013 年 8 月，共發行 1 億枚，瑞波幣的推出有爭議點，它屬於半去中心化的公司幣，所以不能挖礦，但瑞波幣又有別於其他私募型企業幣，具有實質上的應用，與多家銀行進行對接，具有公信力。

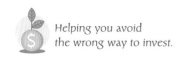

瑞波幣與多家銀行對接合作，所以網路支付功能較為強大，能同時間將瑞波幣任意匯兌為各個不同的幣別，例如美金、歐元、人民幣、日圓等等，讓外匯兌現更佳便利，交易速度快，幾秒便可到帳，且在交易上幾乎沒有額外的費用，免去跨行異地及跨國支付等手續費問題，近年有許多的銀行及財團紛紛想與瑞波幣進行對接。

在投資面，瑞波幣相較於其他主流幣，更具抗跌能力，當大家都在下跌時，瑞波幣卻能平穩走過；市場火熱時，瑞波幣也會跟著主流幣一同向上成長，但可惜瑞波幣圈子尚小，並非投資者的首要標的。

3 以太幣

虛擬貨幣發明至今也好幾年了，除比特幣外，最為火紅的虛擬貨幣非以太幣莫屬。以太幣當時以 ICO 項目崛起，所謂的 ICO 就是將公司股份貨幣化（Initial Coin Offering），用虛擬貨幣來公開募資，以太坊創辦人布特林（Vitalik Buterin）於 2015 年 7 月，藉 ICO 模式募集資金，公開販售 6,000 多萬枚以太幣，且必須使用比特幣購買，所以若比特幣漲價，以太幣也會跟著漲價，為區塊鏈 2.0 代表作。

也因為以太幣的竄紅，使其成為家家戶戶都學習的榜樣，當時每個推出的貨幣也都以 ICO 模式來操作，大大提升以太幣的交易量，使它的市值僅次於比特幣，熱度不散。2017 年 3 月，以太坊聯盟成立，結合銀行、石油、軟體開發等多項目來執行供應商區塊鏈，讓技術層面達到區塊鏈 3.0 ——智能合約，所有的項目都會按照原先擬好的契約執行，使企業更具公信力。

好比 A 先生說他當選市長後，要將每個月薪水的一半平均分給 B、C，假如 A 先生真的當選市長了，那系統就會自動分配他的薪水，按合約執行，到時如果 A 先生想賴皮，怎麼樣也賴不掉。

但以太幣較屬應用面，2019 年仍有許多區塊鏈技術附屬在以太鏈上，所以筆者較不看好它的成長空間。因為是實用性的商品，所以使用者一定不希望它太貴，再以 2019 年 3 月的小牛市來分析，當時比特幣漲了 3 倍之多，以太幣卻只漲了 2 倍。

剛剛提到的主流幣都是限量發行，但以太幣就不一樣了，它的生產數量就像吃到飽，可無限量供應食物，所以保值性沒有比特幣來得高，市值也因而始終排行老二。

4 中國官方加密貨幣

2019 年 6 月，臉書宣布將對外發行臉書幣（Libra），這意味著虛擬貨幣時代已是當代趨勢。想想看，臉書全球的使用人口逾 20 億，倘若臉書幣流通，會不會讓金融貨幣市場有所變革呢？

且臉書幣是以 1：1 美元的匯率來換兌的穩定性貨幣，解決了虛擬貨幣不定價的問題，在交易上能更廣為運用，但美國政府目前大多仍抱持著反對態度，畢竟臉書幣是私有的公司幣，可能打擊到美元的市場地位。

看了這麼多虛擬加密貨幣，大多都是私人公司機構所推動的，難道就沒有一個國家想參與區塊鏈加密貨幣的市場嗎？以當今數位交易最為普及的中國為例，中國在電子支付上始終拔得頭籌，支付寶、微信支付皆為業界領頭羊，出門不用帶現金，直接用手機刷條碼便能完成每筆交易，未來更構想以臉部辨識來進行支付。

如果中國推出一個較具公信力，且是由國家政府所擔保發行的虛擬貨幣，其匯率相當穩定無匯差，在區塊鏈技術上也有新的成就，或許中國官方的虛擬貨幣真的能取代比特幣？達到無紙鈔交易的新世代。那中國官方所發行的加密貨幣能帶來什麼好處？

交易即清算：點對點的交易，傳統的線上交易需透過銀行審核，要耗費一些處理時間，尤其是跨國匯款，等待時間更長。

- **人人都可持有：**數位化到來，民眾不必再帶著鈔票購物，只要開啟手機裡的 APP，就能接收與支付買賣交易，且這些支付軟體都需經過實名認證，才能進行大筆交易，解決了不當洗錢等問題。
- **去中心化交易：**區塊鏈技術具有公信力，每筆交易都會被記在區塊鏈上，安全可靠。以往買賣黃金要透過銀樓當中間商，支付寶交易需要透過銀行做中間商、背書，虛擬加密貨幣完全去掉中間商更省時、省力。
- **透過金融機構發放：**不用跟特定發行機構購買，由中國政府（央行）主導的虛擬加密貨幣，代表該貨幣正規合法，自然能在各大銀行機構購買，並靈活運用在生活之中。

4 又是個魚目混珠的騙

本小節要跟各位討論：為什麼投資虛擬貨幣的人這麼多，但最後都是賠錢居多。這要回到本書重點，一般人無法真正了解投機和投資兩者間的不同，一心只追求高獲利、高報酬，忽略了投資是需要做好風險管控的。

部分有心人士便看準多數人想一夕致富的心態，以虛擬貨幣來包裝、圈錢，且招式越來越多，所以在投資之前，真的要注意高報酬的背後，是否可能是一場投資騙局。

筆者下述介紹三種幣，應當小心提防，這大多是打著虛擬貨幣的名號，實則在圈錢的偽君子。你聽過「肉包子打狗」這句俗諺嗎？若輕易嘗試下列三種，你投入的資金將可能有去無回。

1 分叉幣

所謂的分岔幣就是由原本的主幣分裂出來的新幣種，最成功的案例，無非就是從比特幣分岔出來的「比特現金」。它之所以會誕生，即是因為看到原始幣種的缺陷，將不好的地方加以改良，然後以新型態的幣種在市場上釋出。

但並非所有分叉幣都跟比特現金一樣玩真的，騙子的腦筋總是轉得特別快，尤其是能圈錢的時候。以比特幣來說，似乎只要跟比特幣攀上關係，就會有很多人來投資、購買此幣，即便比特幣現在略為跌價，其購入金額還是很高，可是這分裂出來的關係幣就不一樣了，現在或許很低價，但未來上漲的空間極大，能不心動嗎？

其實分叉幣本身並無價值，大多是炒作出來的，聽過「比特黃金」還是「比特上帝」嗎？這些都不是比特幣，不要被騙了，跟比特幣完全無關聯，只是名字跟它攀上而已，未來也還會有其他莫名其妙的分岔幣，以同樣的模式問市。

「來來來，新幣種剛上市，價格正便宜，還不快來買！未來將上漲 100 倍，錯過比特幣的賺錢時機，還想錯過這次嗎？」被這些說詞欺騙，最後發現根本就是沒用的垃圾幣，現在回頭去看，有些分叉幣更不復存在了。

2 專門出來騙的空氣幣

我想應該有很多人會想問，為何筆者知道這麼多項目是有風險呢？因為這些投資我都參與過，就當是經驗分享，希望大家都能找到正確的投資標的。

空氣幣是一開始就被設好的局，早已計畫好要行騙的圈套，這在中國大陸經常發生，這些圈套在 2018 年虛擬貨幣暴漲時，更是無法無天，又搭配時事中美貿易戰，不斷洗腦投資者要替自己建立一個資金避風港，現在價格可能很便宜，但未來絕對上漲 10 倍，甚至是 100 倍，宣稱上市後必定大漲，吸引消費者購買、認購新幣種。

在認購期間，投資者在平台上看到的只有漲沒有跌，他們會建議投資者等正式上市時再賣掉，聽起很合理，但心中會有種感覺說不上來，且認購期間還是閉鎖期，不能交易買賣，只有在原先的交易平台上才能購買此幣種。

這類平台本身就有問題，當你向他們提出疑問：「為什麼只有在這個平台上架呢？」這時對方會宣稱現階段是認購期，要上市才會在其他平台上看到。

且平台的交易量少得可憐，這是因為這些交易大多是人為操控，交易時間相當集中，固定時段有大量的分批買進，難免讓人起疑這是否為同一個人在進行買賣，自導自演、左手進右手出。例如每天早上固定 10：00 進場，分 6 筆交易購買，10：01 先購買 100 單位，10：02 再買 50 單位，10：03 之後又買 30 單位等等。

再來就是平台玩把戲的時候了，故意將閉鎖期延期一個月，讓投資客不會注意到他們自己買的幣，反正還沒有要賣，就不會時刻關注平台公告，而且一般閉鎖期給束後會伴隨著大漲，充滿信心。但過沒幾天平台又釋出新公告了，說供應商反彈太大，明天凌晨將取消閉鎖，開放自由交易，可是當你打開平台網頁要釋出時，你的幣已經一文不值了，原先說好的上市後大漲，只是為了設局來圈你的錢罷了！

即便解鎖，其他平台也無法跟你投資的小幣進行交易，且因為被閃崩血洗，平台上全掛著販售的單，沒有人要購買，這設下的圈套彷彿早用程式寫好一樣，在自由交易後的第一天就宣告只營運到今天晚上，平台就此封閉，你當下馬上就能明白這是在騙錢。

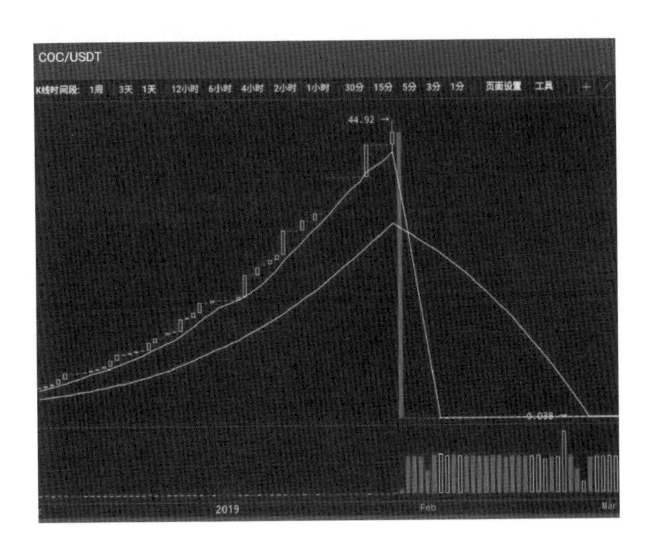

這類的幣毫無價值可言，花錢買新聞版面，說這是未來的趨勢，再製作一份白皮書讓你看不出破綻，到處營造聲勢、找

人來買，把我們當成傻子，騙得團團轉，把價格拱高之後，又能吸引其他投資者進場，讓投資人深怕慢一步就少賺一筆，最後卻在價格高點瞬間閃崩，眾人措手不及，從 44.92 元跌到 0.038 元，欲哭無淚。

這些騙子們一開始就套好的招式，別以為你真的可以賣掉，他們使用寫好的程式，解鎖的瞬間，系統便自動全面出清，買方只有一位，八成是平台的工作人員在操演，以最低的 0.038 元全數承接，一看就知道是莊家在自導自演。

USDT 市場 | ETH 市場 | BTC 市場 | LTC 市場

幣種	價格	成交量	總市值	日漲跌
ETH 以太坊	307.88 USDT/$307.88	1209.86 ETH	37.24萬 USDT	-10.21%
EPC 学币	0.08000000 USDT/$0.08	57.7萬 EPC	4.61萬 USDT	-99.79%
LHT 币[illegible]	0.08000000 USDT/$0.08	37.98萬 LHT	3.03萬 USDT	-99.92%
BTC 比特幣	11673.86 USDT/$11673.86	139.07 BTC	162.34萬 USDT	-8.93%
XRP 瑞波幣	0.421 USDT/$0.42	1.46萬 XRP	6157.702 USDT	-12.47%
LTC 萊特幣	116.27 USDT/$116.27	1502.79 LTC	17.47萬 USDT	-14.4%
LCT 安币	0.03000000 USDT/$0.03	71.2萬 LCT	2.13萬 USDT	-99.74%

每種認購的幣在 10 秒內全數殺出，一般主流幣在走牛市（回檔修正），認購的小幣則全部跌損 99.9%，別懷疑你的眼睛，你當時可能已經守在螢幕前準備要賣剛解鎖的幣了，打算凌晨整點解幣！

結果，瞬間跌到 0.038 元，比發行價 0.056 元還低，最後不管以什麼價位買，騙子終究都是贏家，平台上只有一堆等著賣出的單，半個買家都沒有！ 10 秒前牌價還是 100 美元，10 秒後僅剩 0.03 元，當然也有人掛出 0.03 元跟你買，但你願意賣嗎？

只能說這投資騙局真的害人不淺，我相信應該有很多人都是看好漲勢，押了身家想藉此翻身，甚至去跟銀行貸款，心想著既然有套利的機會，為何不去借呢？筆者猶記得當時介紹我投資空氣幣的人，不斷鼓吹我多投一點，每天不是對我說「你投太少了」，要不就是「你這樣賺太少了」，讓人不堪其擾，跟他們表明自己現在沒那麼多現金，他們還建議我把車賣了，拿賣車的錢來投資，之後賺錢再買更好的車，好險當初沒這麼傻，不然連車子都沒有了。

3 傳銷公司所發行的虛擬貨幣

這類幣種會極力向投資者營造公司的願景有多大，其實就是批著區塊鏈外衣的狼，該幣價格從 100 美元起跳，週期內獲得每月報酬 40%，且搭載多層次傳銷機制，推廣者還能獲得獎金，這不就跟前面提到的資金盤一樣嗎？只是將台幣改成虛擬貨幣，以區塊鏈去中心化的概念來推廣，但這真的去中心化嗎？

趨勢

龐氏騙局？Bitconnect 宣布關閉，加密貨幣 BCC 暴跌 97%！

2018/01/18 · 【合作媒體】36kr · Bitconnect · ICO · BCC

只能說是單純換個包裝而已，一旦公司發生結構性問題，該幣便會瞬間閃崩成垃圾，在 24 小時內從 430 元跌到 6 元，慘遭血洗。

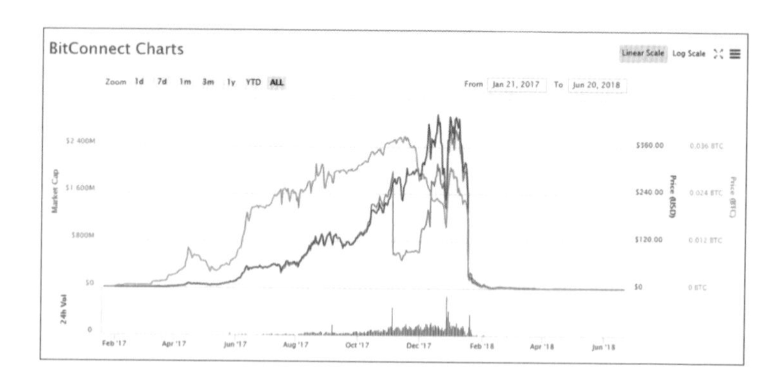

還有些平台宣稱是回饋比特幣作為高額報酬，你相信比特幣嗎？那你就該相信我們的投資平台，只要你投入資金，每日

會提撥本金的 0.35% 作為報酬，只漲不跌，今天錯過，明天就少賺今天的 0.35%，若再猶豫 10 天，就等於錯失 3.5% 的穩賺報酬，讓投資者們拼命想辦法去借錢，畢竟一個月淨報酬 10% 以上的項目還有哪裡有呢？且推薦其他人加入，還能賺取獎金，金額約本金 5 ～ 8% 不等，讓人著實心動。

不久前才剛辦完造勢大會，被爆出吸金詐騙，這類平台出問題後，便改成給予平台自己發行的幣，這種傳直銷平台發行的幣，實質上沒有應用能力，也沒有白皮書及營運團隊，更沒在各大交易平台出現，想當然不會有人願意去購買這無名小幣，到頭來也只是垃圾幣罷了。

以上三種模式的幣都應該少碰，或許有人會說既然都已經曝光了，市場上就不會再出現啦！你放心好了，因為過一段時間，當虛擬貨幣的牛市再度來臨時，就又會有一窩蜂的投資者跟風，一心想賺取高報酬，將風險評估和當初慘痛的教訓完全拋諸腦後，忘了這些項目有多危險。

一顆老鼠屎壞了一鍋粥

連搬磚套利都有詐騙，聰明狡猾的狐狸們看準商機了嗎？搬磚也能胡搞一番，真的是把聰明才智用錯了地方，這類的搬磚就是將你口袋裡的錢，搬進騙子的口袋裡。

沒錯，的確是搬磚呀，假設你投資 1,000 美元單位，便可參與搬磚的獲利分潤，所謂去中心化的意思，就是每筆交易資料都查的到，這點幣圈老鳥輕易就能識破是不是詐騙了，讓我們來看看這類搬磚投資平台，到底有什麼讓人懷疑的地方吧。

首先，交易平台跟上架的小幣，其實都是同一個創辦人跟團隊，轉來轉去只是障眼法，仔細比對，不難發現都是同一個 IP 位址在轉，這也是區塊鏈的好處，每筆交易都能查得到。

搭配的電子錢包也是由同一間公司所開發，這根本是左手轉到右手，把大家當傻子耍，搬磚上面的交易資料也對不上……實際查驗根本沒有此筆交易，例如以 100 元賣出應該有 100 元的購買記錄，但為什麼沒有此筆金額的交易呢？完全做假。

現在搬磚的利潤越來越少，怎麼可能保證日獲利多少？保證回饋 10% 好了，請問獲利源來自何處？入金時可能都沒問題，但出金又理由一堆，不斷拖延時間……最後被發現是騙子的平台後，網站直接被關閉，再也找不到相關證據，夠聰明吧！

且虛擬貨幣的風險極大，代操業者最後也大多不堪負荷、跑路，所以我們還是掌管好自己的資產為妥，自己買賣、自己交易最為安全，如同我們不會把自己的銀行帳戶提供給別人一樣，更不可能把自己的錢全數交由他人運作、操盤。

下一章，我們要完全跳脫前兩章討論的投機，改跟各位討論正確的投資理財觀念，以尋找穩定的價值型投資標的，替自己創造持續性的被動式收入。

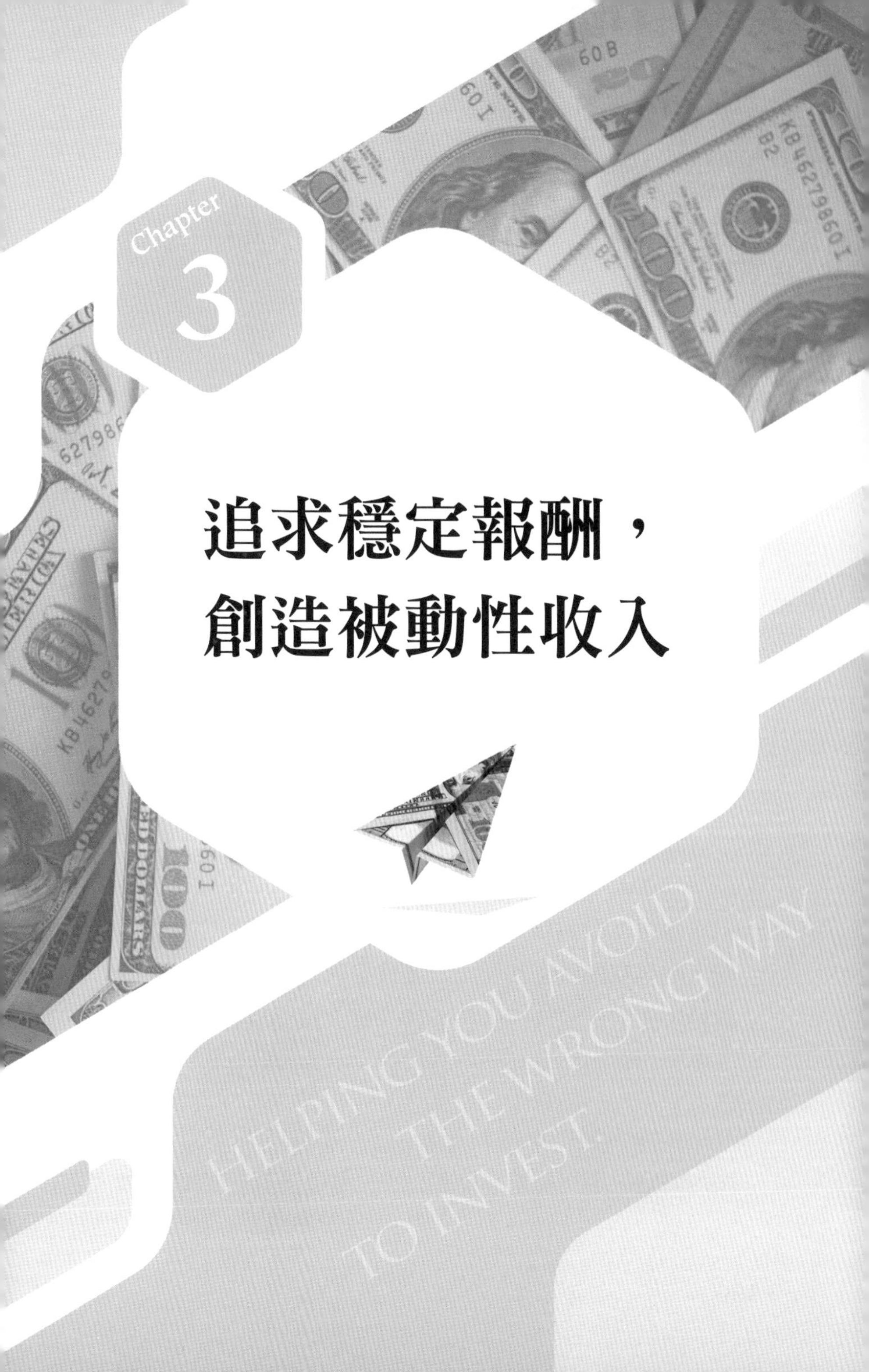
Chapter
3
追求穩定報酬，
創造被動性收入
HELPING YOU AVOID
THE WRONG WAY
TO INVEST

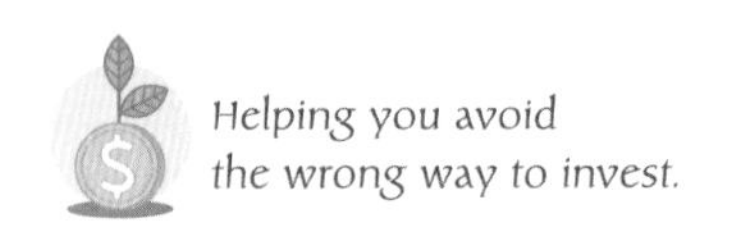

1 尋找每年 7% 的配息商品

在這個物價不斷高漲薪水不漲的時代，單靠儲蓄根本無法供應生活所需，而且大學剛畢業的年輕人，可能一畢業就背負著學貸的壓力，如果又是在外地上班或沒住在家裡的話，那每個月薪水約有 2/3 都花在日常開銷上，請問剩下的錢要存多久，才能讓自己過上更好的生活呢？

每個人的想法都一樣，無非是想多賺點錢，看能否藉由投資，替自己多賺點額外收入，享受替自己加薪的小確幸。其實這個想法並沒有錯，錯的是那些不肖商人，他們抓住你內心賺取更多錢的念頭，用那包裝過的美麗謊言來誘使你上鉤，利用人性的貪婪使你陶醉其中，不由自主地掉進深淵。

沒錯，投資理財真的是一門重要的課題，你有聽過哪個有錢人是靠存錢致富的嗎？應該沒有聽過吧，我們聽到的大多是靠投資致富，就像股神巴菲特一樣，以錢滾錢、利滾利，所以大家才想藉由高獲利的投資項目，來追求財富自由。

但資金盤的風險實在太大了，到頭來可能非但沒替自己增加財富，還可能幫了個倒忙。一般加入後拼的是回本，運氣好的話，回本後盤才卡死，運氣不好的時候，可能連本都被吃了，還怎麼要求高額回報呢？到頭來一場空，請問資金盤到底是在幫人還是在害人？

所以，筆者想跟讀者們介紹一下市面上較穩健的投資項目與理財觀念，先有好的觀念後才能替自己創造財富，你說對嗎？

財富自由

所謂的財富自由就是非工資的收入大於工資收入，也就是說即使有一天我不上班了，光靠被動性收入（利息收入）就能養活我，甚至比我當初的薪資收入要來的多，足以達到財富自由的門檻。

當然，達到財富自由後，並非是要你真的不上班，而是我們可以選擇自己真正想做的事情，做自己有興趣的工作，不是為了討生活而工作。不曉得你是否思考過自己到底喜不喜歡現在的工作呢？是否喜歡到不想請假，或熱愛到公司不發薪水給你也沒關係呢？我想大家的答案絕對都是否定的，因為我們就是為了薪水才去工作的呀！

而要達到財富自由，可以透過投資來完成，但真正的投資是什麼呢？說穿了，我們要的也只是獲利背後的安全感，但值得省思的是，那些高回報的投資項目，真的能讓你每晚都睡得安穩嗎？還是時刻提心吊膽，擔心屆時領了利息卻虧了本呢？

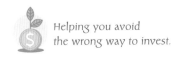

這點你們可以大大放心，因為筆者看待任何一項投資，皆以穩定獲利為前提，堅持用一步一腳印的方式，邁向財富自由之路，就算是以保守的年利率 7% 為獲利基礎，經過時間慢慢的累積，也能產生一個月 3 萬元的被動收入。

唯有穩健的投資，才會有持續性的領息，如果就這樣一直領，退休後也持續領，這種不用為錢煩惱的生活不是很好嗎？那你可能會問筆者，為什麼不是 10% 或 20% 呢，人家巴菲特可是年年賺 10% 以上，但我們卻只有 7%。

關於 7% 這個數值，相信讀者們都知道，整本書中我一直在強調「高回報率挾帶著高風險」這個觀念，所以我們得先求穩再求飆，7% 是一個安全的獲利範圍，既可以獲得較一般銀行高的獲利，又相對穩妥。如果把資金投入穩定發展的企業之中，平均年報酬率也差不多是 7% 左右，這已是 CP 值相當高的獲利比例了。

假設從現在開始做起，每月都存入 1.5 萬元做為投資基金，除了每年固定儲蓄投資外，還有額外的利息錢再加上本金利滾利，連續存 10 年後你會發現，配息高達每月要存的 1.5

萬元了，是不是很神奇呢？

年度	單筆	累進	利率	配息	月收入
1	180,000	180,000	7%	12,600	1,050
2	180,000	372,600	7%	26,082	2,174
3	180,000	578,682	7%	40,508	3,376
4	180,000	799,190	7%	55,943	4,662
5	180,000	1,035,133	7%	72,459	6,038
6	180,000	1,287,592	7%	90,131	7,511
7	180,000	1,557,724	7%	109,041	9,087
8	180,000	1,846,764	7%	129,274	10,773
9	180,000	2,156,038	7%	150,923	12,577
10	180,000	2,486,961	7%	174,087	14,507

複利的威力是很可怕的，只要別急著享受，將得來的利息不斷滾入本金，持續努力 10 年，讓利去滾利，你會發現小蝦米也能變大鯨魚，只要牢牢記住口訣！

固定儲蓄＋追求高報酬＋長期等待＝邁向財富之路

有時候，我們不得不面對社會的現實面，有哪間企業能保證每年都幫你加薪呢？嗯，除非是那些龍頭產業，或者你很幸運地進入一間幸福企業，但並非人人都如此幸運。所以，只要按此步驟，我們每年、每月都能不斷替自己加薪，而且還是逐年成長！

我們 25 歲出社會，辛苦工作 20 年後也 45 歲了吧，假設銀行戶頭存了 360 萬，我們光被動收入就有 4 萬 3 千元，本金滾到 737 萬，這應該跟你現有的薪水差不多吧？以上試算還只是公版的月存 1.5 萬，如果你本來就很省，且收入也不低，又或者身兼很多份工作，每月能儲蓄 2 萬元以上，那 20 年後，你的利息就有 6、7 萬了，更何況存款本金已經倍增一倍，退休後也能過上相當不錯的生活了。

年度	單筆	累進	利率	配息	月收入
11	180,000	2,841,048	7%	198,873	16,573
12	180,000	3,219,921	7%	225,394	18,783
13	180,000	3,625,316	7%	253,772	21,148
14	180,000	4,059,088	7%	284,136	23,678
15	180,000	4,523,224	7%	316,626	26,385
16	180,000	5,019,850	7%	351,389	29,282
17	180,000	5,551,239	7%	388,587	32,382
18	180,000	6,119,826	7%	428,388	35,699
19	180,000	6,728,214	7%	470,975	39,248
20	180,000	7,379,189	7%	516,543	43,045
總額	3,600,000				

2 存股養息，先求穩再求飆

筆者設定的 7% 年報酬率，是以股票平均一年的報酬率下去做參考指標，股票的優點就是變現快，當你賣掉股票，帳款一般 3 天便匯至你指定的銀行帳戶，且股票又受到政府和法律監管，是相當穩健的投資選擇之一，但這裡必須說明，筆者說的穩健，是指那些績優公司的股票，並不是那些投機性高的個股。

那該怎麼慎選個股標的呢？什麼樣的公司才能有穩定的報酬呢？你可以參考巴菲特的投資策略，他最看重的是什麼？他在意公司個股的表現必須年年獲利，也就是要賺錢！而且還不能單純有獲利而已，必須年年都有成長才行！這也是公司所具有的價值性，而非人為去炒作，這樣投資人才能安心，不用特別理會市場整體指數的漲與跌。

當意外來臨時，不論股市如何下殺、跌停，巴菲特都只關心公司是否持續獲利並不斷成長，這是因為持續賺錢的公司，自然對股東較為照顧，每年都會發放股利（利息）。

殖利率＝股利／股價

殖利率就是我們要的獲利，它能算出你在這檔股票裡到底能領到幾成回報，這也是我們真正關心的利息收入，那這些優質公司要從哪裡找起呢？

筆者建議想投資股票的朋友們，可以先從台灣前 50 大的個股挑選（即台灣 50），起碼這些企業都是績優股或該產業的龍頭股，市場的成交量也大，畢竟我們追求的是「安穩配息」，而非整天盯盤，殺進殺出、操作短線，只為賺取價差而已。

為何我要強調投資該產業的龍頭股呢？大家可以想想看這間公司為什麼能成為第一，是不是代表它的事業結構有著競爭優勢呢？股災來臨時，是不是也比那些小公司更具危機應變的能力呢？

再者，為何會說市場成交量也是考量因素之一？請問成交量高的公司，是不是變賣的速度更快？反之，如果成交量少得可憐，你的掛單有可能一時間賣不出去，更別說達到你心中理想的價格，倘若沒人想交易，你的個股自然就乏人問津。

好，投資這間公司，購買該公司的股票後，你就晉升為他們的股東啦，既然是股東，那就要把跟自己有關的利益都納入投資選擇裡，也就是所謂的 ROE（股東權益報酬率，Return On Equity），一般好公司的 ROE 都要達 6 以上才算合格，不過既然要選，筆者會試著去選一些達到 10 以上的，當然，不能只專注於高殖利率上，還要把很多因素考慮進去才行。

以下從台灣 50 挑出高殖利率，且 ROE 也都在 10 以上的績優股，供大家參考。（ROE ＝淨利率 × 資產周轉率 × 全益乘數）

股票名稱	股息殖利率（%）	ROE	本益比（估）
國巨	17.44	74.73	8.00
南亞科	11.63	26.51	14.80
台灣大	4.91	22.45	29.30
可成	5.41	19.68	9.20
台塑化	4.49	17.70	16.60
南亞	6.55	14.43	13.00
台塑	5.37	14.15	14.80
台化	5.85	13.41	14.20
台泥	7.94	13.33	10.20
寶成	4.25	13.26	8.90
遠傳	4.95	13.11	28.20
中信金	4.75	11.33	10.70
廣達	6.18	11.31	14.00
鴻海	5.02	11.24	9.50
光寶科	6.82	11.22	12.90
富邦金	4.63	10.07	10.20

▲依作者撰寫時的市場行情計算，僅供參考。

投資產業分類，將風險分散

投資跟投機最大的不同，在於投資較具價值，看重長期增長，以投資股票為例，長遠來看當然是希望公司賺錢，年年穩定獲利且不斷成長；但投機就不同，它屬於時機財，必須市場行情火熱時，才能跟風賺點甜頭，可一旦失足，你有可能全盤皆輸。

投資雖然也會面臨市場的考驗，有漲有跌，但好的投資絕對是時間的朋友，長期擁抱績優公司，並做好類股分散原則，便能大大降低損失的風險。筆者將風險分散成四大產業，針對以下產業做簡單的介紹。

1 金融類股

我們的投資目標是達到存股效益，而非專注在短線股價的波動漲跌，我建議可以提高手上優質公司股票的持股水位，之後再涉獵不同產業來分散風險，別把雞蛋放在同一籃子上，金融體系是國家的命脈，又是比較抗跌的類股，既然我們都要把錢存放於銀行，為何不將這 1% 的定存拿來購買該銀行的股票呢？銀行股配息率平均也都有 5% 左右。

想想假如我存 100 萬在銀行，定存利息僅有 1 萬（年利率 1%），但如果把錢放在金融股的話，光金融股配息就有 5 萬（殖利率平均 5%），這樣的差距應該讓你非常有感吧？這之間多出的 4 萬，都可以拿來犒賞自己出國旅行了。

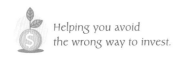

金融股可分為官股及民營兩大類，其中官股有兆豐金、華南金、第一金、合庫金、彰銀及台企銀這些官股銀行，它們的優勢就在於有政府當後盾，各個大都不會倒，股價也相對抗跌，在業務範圍上包括學貸、青年優惠房貸、外幣匯兌以及更換新舊鈔票等，是非常穩健的存股首選。

在民營金控股方面，筆者建議大家可以尋找擁有雙 A 的銀行下手，也就是 APP 及 ATM 兩種。數位時代的到來，APP 使用介面當然是要做得越親民越好，ATM 提款機如果到處都有設點，也更加便民不是嗎？好比國泰金、中信金、台新金……等，他們都有在便利商店設立 ATM 提款機。

2 電信類股

其次當然是必須選自己了解的，而不是聽到一些小道消息，就盲從地去買，畢竟只聽從明牌，連自己買的公司股票是做什麼行業都搞不清楚，可能會有幫人抬轎的情況發生。大戶早已經進場許久，剛好你買進，讓他們得以倒貨，這時你不就成了冤大頭嗎？所以，投資前務必先仔細想想，自己投資的公司是做什麼的，倘若你完全不知道不是很誇張嗎？

那我們為何不試著從日常生活中就看得到的商機開始呢？這樣投資起來不也比較安心嗎？現在通訊進步，從人手一機到一人可能就有兩、三支手機，這已是很普遍的事了，再加上 5G 發展，你會發現電信業其實是個非常好的選擇，且電信股屬於防禦型股票，當大盤都在下跌時，它反而會是資金的避風港，不但配息穩定，也都有 4% 以上的水準，股價的波動基本上都不會太大，是存股的第二大選擇！

股票名稱	股息殖利率（%）	ROE	本益比（估）
台灣大	4.89	22.45	29.30
遠傳	4.96	13.11	28.20
中華電	4.07	9.58	25.30

▲依作者撰寫時的市場行情計算，僅供參考。

3 傳產權值

再來就是傳產股，製造業一直是帶動台灣經濟的主要來源之一，製造我們民生消費商品，所以我們為何不去投資呢？但也不是製造業就投資，我會選該產業的龍頭股，那請問該產業的龍頭有哪些呢？

- **石化類：**台塑四寶。
- **鋼鐵類：**中國鋼鐵。
- **水泥類：**台灣水泥。

選擇產業的個股，自然要選具有穩固龍頭地位的企業，景氣不好時，受創最嚴重的大多為中小型企業，績優的大公司相對較有能力針對情勢做應變，又因為是比重比較大的權值股，政府一般都會去護盤，不太可能顧左右而言他。

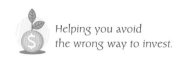

傳產業較容易受到景氣循環等因素影響，股價具波動性，當股價下跌時，我們可以純粹賺股息就好，不急著賣，等行情好一點時，再賣掉股票也不遲，畢竟投資的初衷就是長期持有，這樣的投資策略便能左手賺錢右手也賺錢，一鴨二吃的概念。

有關股市相關資訊，可上「台灣股市資訊網」查詢，所有你想知道的個股資訊都可以找到喔。

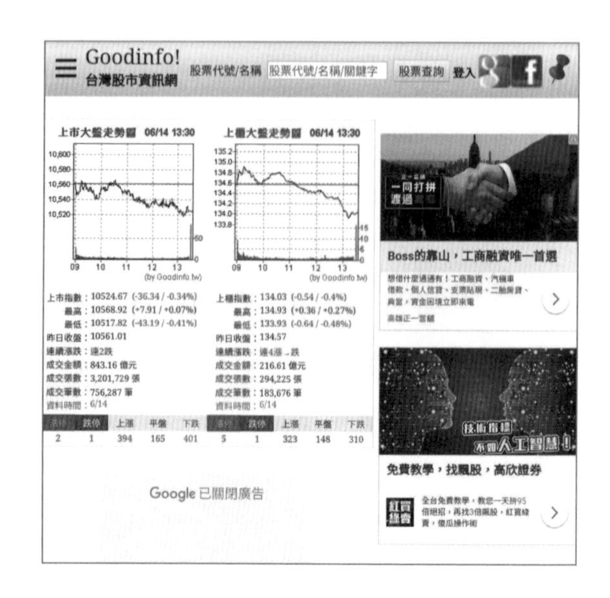

4 績優電子

剛剛從最保守、低波動的股票，再到穩健型的，等都布局好、打好地基，有了穩定的收入當後盾，就可以毫無牽掛的衝刺啦！

因為投資和投機不同，全力衝刺的投機行為，就是要賺取波段的價差，所以，我們必須時刻注意市場上的變化，不停盯著盤面看，並運用技術線來分析未來可能之走勢，以免錯過買賣的時機點，這樣真的還挺累人的，且絕大多數靠追求飆股賺到大錢的人，實在是少數無幾，所以筆者會建議分配總資產的 5% 就好，並設好停損停利，以免到頭來一場空，比如 2018 年的國巨，或 2019 年的鴻海。

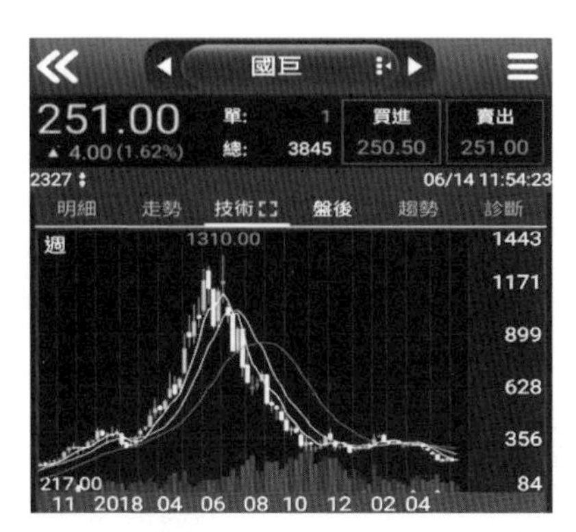

▲飆漲後狂跌，從 1,300 元狂瀉。

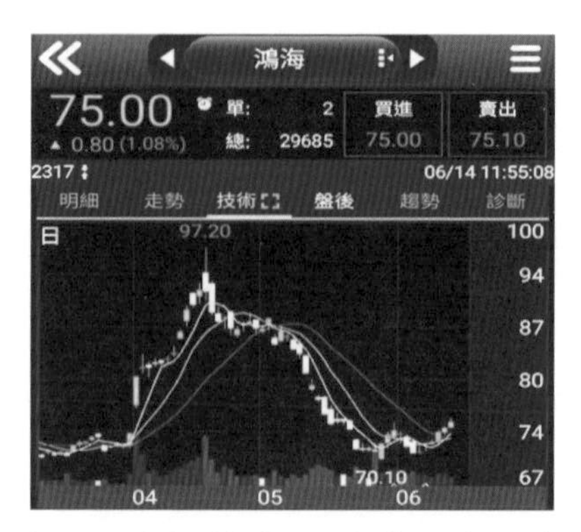

▲從 72 元飆漲到 97 元後一路下跌。

每個人都想尋求刺激，這樣賺錢的速度更快，你說投機不好嗎？投機並沒有不對！如果市場上少了投機，這市場也將變得死氣沉沉，但就是要做好風險控管、謹慎操作，投入的資金不要超過總資產的 5%，當然，較無法承擔虧損者，我會建議降至 3% 甚至是 1%，讀者們可以親身去嘗試看看，從交易中累計個人經驗。

近年火紅的 ETF

ETF 原文是 Exchange Traded Funds，將指數證券化，股票漲跌都會同步，這有點像基金模式，投資同時包含多支個股，就像股票界裡的便當，差別就在於基金是志在打敗大盤，而投資追求績效個股，ETF 則較屬於被動型，價格幾乎都貼近於大盤指數。

有關基金的漲與跌，大多由投資者的多寡決定，當越多人買該檔基金，它就會漲，反之如果一堆人贖回就會下跌，基金就是拿投資人的錢去投資並取得報酬，但不管漲或跌，都要支付經理人薪水，經營管理費用會從基金中扣除。

至於 ETF 的漲與跌，是跟著市場指數走，以購買元大台灣 50（編號 0050）為例，當台股大盤漲，它就跟著漲，跌就跟著跌，沒辦法打敗大盤，因為台灣 50 佔台灣大盤指數 7 成以上。

但筆者並不是很推薦飆股，因為就我個人經驗，先前看到那些追求飆股的人，真正賺到大錢的人，應該沒幾位？至少目前是還沒看到有人成功。

我們都知道股本小好炒作，但也要小心自己可能會被洗掉，這樣推論下來，小公司也較好炒作不是嗎？可缺點就是交易量小到讓你賣不出去！

想要有小道消息，並非該公司內部董事，又怎能取得消息呢？那些追求股王的，哪支股王不是後來跌得很慘的呢？那些高點被套牢的，需要多久時間才能解套？可能這輩子都等不到回去的那天了吧？回頭看看歷代股王的下場。

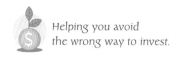

- **86 年 4 月時的華碩 890 元，跌到剩 30.45 元。**
- **88 年 6 月時的廣達 850 元，跌到剩 29.55 元。**
- **89 年 4 月時的禾伸堂 999 元，跌到剩 17.50 元。**
- **89 年 8 月時的威盛 628 元，跌到剩 4.89 元。**
- **91 年 4 月時的聯發科 783 元，跌到剩 171 元。**
- **93 年 4 月時的大立光 766 元，跌到剩 128 元。**
- **94 年 8 月時的茂迪 985 元，跌到剩 49.40 元。**
- **95 年 3 月時的益通 1205 元，跌到剩 34.20 元。**
- **95 年 5 月時的宏達電 1220 元，跌到剩 256 元。**
- **96 年 7 月時的伍豐 1085 元，跌到剩 49.30 元。**

大立光之後順利坐回股王寶座，甚至在 2017 年來到 6,075 元的價位，創下台灣股市史上個股天價，目前仍持續穩坐股王地位。

附帶一提「填權填息」，台股配息的根源來至於股價，也就是說配息是從股價中扣除，如果股價 50 元，配息 5 元，那配息後股價就會是 45 元。為何筆者只推台灣 50 的原因就在此！投資並不是追求高配息就好，還要能夠填息，也就是說，當我們配掉 5 元後還能漲回 5 元，股價回到 50 元，這樣所得到的利息才是真的賺到，不然可能會產生賺了利息卻賠了股價的窘境。

有些公司會配發股票，我們股票的票面價都是 10 元為一股，1,000 股就是購買一張，如果配發 1 元現金股利就是 1,000 元，如果是配發 1 元股票股利就是 100 股，當配股完後股數增加變成 1,100 股。

在配發股票股利後股價就是 50 元／ 1.1 ＝ 45.45 元，股數增加了，價值卻不變，所以必須填權才真正算有賺到。

3 先投資還是先買保險？

在這個年頭裡，大家都喜歡買房子，想當包租公、包租婆，看準不動產是個不錯的投資標的，且好地段還有增值的空間，如果30年前在台北買一塊地，現在你一定會笑得合不攏嘴，就算錢不多，只買一點點，今天也是荷包賺滿滿，且房子除了可以住，還能替自己帶來收入。

當包租公、包租婆不外乎是想替自己多賺點現金收入，一個月如果能收個3萬元的租金收入，不也就等於不用上班了嗎？當然，如果想要月收租金達到3萬元左右的水準，房子也必須要有那個價值才行，商品本身一定要有好的賣相，所以我們勢必得先打理一番才租得出去，讓我們來算看看收益吧。

首先，房價加改裝出租後的成本，至少要有1,000萬才上得了檯面，而一般房租收益為年利率4%左右較合理，1,000萬×4%＝年收40萬，一年有12個月，這樣平均月收就是3萬左右，以上為保守估算，當然，若低於這行情也更容易租出去！

且買房的風險你是否也有考慮進去呢？買房最怕租不出去，稅金還必須繼續繳，不然就是遇到惡房客搞破壞？仔細想想，租房子好像不是件簡單的事情，尤其現在房價一直居高不下，如果是做買賣，現在的行情價依然高了點，人口老化、空屋率高，可是人口真的有那麼多嗎？到處不斷蓋房子，其實只是在衝經濟成長？實際真的有那麼多人要買嗎？以上困難重重，現在景氣應該是低迷的吧？

我們換個愉快的心情想想，如果我能保證讓你租得出去，給你好康福利又免繳稅金呢？我的客戶很優質，絕對不讓你受到惡房客搞破壞等問題困擾，你要不要呢？其實我們大可考慮換個選擇，領一樣的報酬，卻沒有以上的困擾。

一樣大約是 4% 的利潤，定存的概念，畢竟只要不賠錢就是穩賺不是嗎？我提供儲蓄險做比較，儲蓄險在資金安全上，明顯比買房出租要來的好，讓我們看一下圖表。

房租	項目	儲蓄險
會	擔心租不出去	保證出租
可能	遇到惡房客	沒有惡房客
要繳	房屋稅	免繳
要付	地價稅	免繳
要修	修繕費	免修
分期繳	貸款費	分期繳
貶值	房屋折舊	每年增值
較低	變現率	靈活

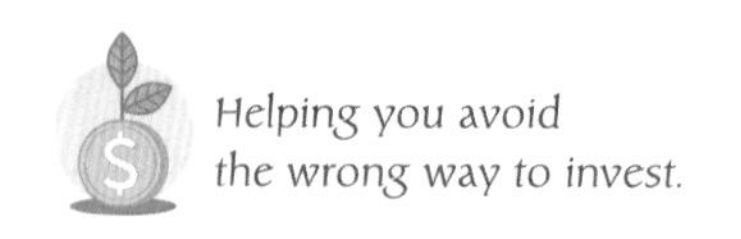

比較之下，買房出租其實還是存著一定的風險，最大的原因在於我們無法保證一定租得出去，租不出去的那段日子就沒收入，稅金一樣要繼續繳，水電也是，如果換作儲蓄險就沒有這些問題。

倘若是一樣的投資策略，這不就等同保證幫你租出去了嗎？持續不間斷地收入，這才算得上穩定的被動收入，不僅如此，更每年保證不貶值，需要資金時還能馬上匯款，變現率跟買房出租想套現不同，這時需要等待的心情自然就不同了。

當然，小資族買房很難一次付清，所以通常會選擇貸款，然後分期繳，這和儲蓄險的分期繳是不是很像呢？兩者皆能辦理分期繳納，投資策略一樣，只是投資標的不同罷了，打通了所有的疑難雜症，無論是想躉繳型一次付清，還是 6 年期繳清，或 10 年期還清，甚至 20 年期……這種選擇年期的繳費方式跟繳貸款是不是一樣道理呢？

會做這樣的比較，也是想免除那些想包租公、包租婆賺租金的人常常忘掉的細節，導致獲利可能沒有想像中的多，還要勞心勞力的照顧，筆者個人就很不喜歡一直找人催繳房租，房客看到我散，我看到房客就要錢，這樣實在太累，為何不直接全部自動化呢！

意外醫療等風險轉嫁

我們常說的保險，其實就是買一種生活保障，畢竟誰都不曉得是明天先來還是意外先來，像我們騎車、開車可能都相當注意行車安全，但無法保證每位用路人都會謹慎駕駛，電視不也經常有車禍事故的報導嗎？所以保險還是相當有必要的，至少能買個心安，當然不使用最好，代表一切平平安安，但真正有需要時，你會懂得保險是最務實的幫助。

怎麼說呢？當我們生病住院時，自然無法產生收入，必須靠我們的老本，而且一般也不會開口請求朋友協助，畢竟對方生活也是要用錢呀，實在是不好意思開口。那家人呢？短期或小額的救濟可能還行，但有些醫療費用是相當可觀的，且即便是小額，長期累積下來也是所費不貲，因此，除了保險外，我們可能真的無法理直氣壯地跟他人拿錢使用。

再舉個有趣的例子。大家一定都曉得在市區找停車位非常困難，有些停車場的費用更是高得嚇死人，不曉得讀者們是否也跟筆者一樣，有時為了圖個方便或想省點停車費，選擇在路邊臨停一下呢？

那在路邊臨停的代價是什麼呢？是的，你的運氣就真的那麼差，可能臨停 10 分鐘而已，就得到一張 900 元的違停罰單，當初想省 60 元的停車費，反而花了 900 元，如果情況更慘，車子被拖吊，那你可能就要兩、三千了。

我們永遠都不知道明天先來？還是意外會先到來？上帝可能一不注意，就給我們開個玩笑，當我們要趕上班打卡，努力賺錢時，上班途中卻發生小狀況、小擦撞，破壞了我們原先設定的計畫。

一心想靠投資賺取更多錢財的你，會不會因為某些意外，就因此沒有收入了呢？還可能要把之前投資的本金跟利息錢領出來使用？每個人的內心都會心存僥倖，人之常情，但誰都不能保證明天。

如果一天用 4 塊錢來替自己買個保障，當作住院時所需的實支實付，且這筆一次有 5 萬的額度可以使用，你覺得如何呢？這投資報酬率應該不錯吧？而且這是用在自己身上，不像投資是把錢拿給別人使用。

每個人一生都會面臨生、老、病、死，更甚者還可能有殘疾，且現今文明病當道，癌症發生率也不僅限於中老年人，任何人都有可能患病，那為何不選擇先鞏固好地基，讓自己永無牽掛後，再去衝刺我們的事業、賺錢呢？

所以，我們倒不如讓往後發生疾病或意外的所有花費，都交由保險公司來買單，好比用 60 萬買醫療險，將此筆保險作為你人生的保護傘，用來換取終身保障，你要不要？且這筆費用還能以 20 年分期慢慢繳，到時真的發生意外、無法工作了，未繳完的保險費就通通由保險公司自行吸收繳納，也稱為豁免，你們可以算算這投資報酬率，高達 10 倍以上，這對我們來說不也是穩賺嗎？

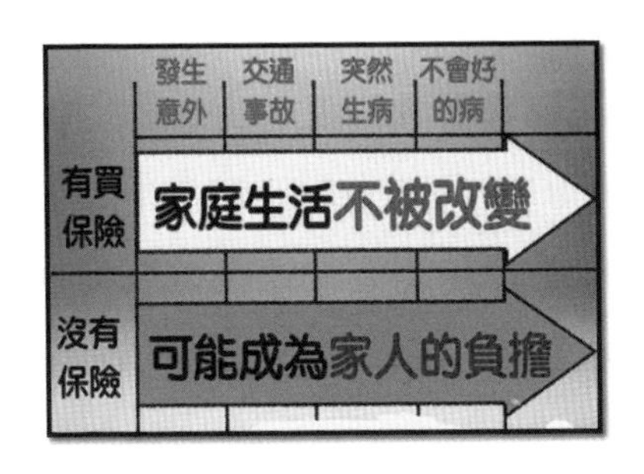

本節跟各位談得不是商品內容，只討論好的理財觀念，如果你依然選擇先投資，不想先替自己買份保障，也沒有對與錯，我反而覺得你相當聰明！為何說聰明？讓筆者分析給你看，我們可以用投資賺來的利息，來支付日常所需生活費，當然也可以用來支付每年的保險費，這不就等於保險完全免費嗎？

每年要繳的保險費用，我們可以想成替自己安太歲，當意外發生時，就用保險理賠金支付，這樣非但不會影響到日常生活支出，更不花你半毛錢去購買保險，因為你繳交的保險費，都是從投資所得支出呀，與薪資相比，我想你應該更願意花吧？畢竟是多出來的。

只要大腦轉換思維，你會發現不論是買保險或是需要保障時，根本不用花你任何的錢，保險是在發生狀況時，啟動你人生的保障，所以我個人其實不太贊同用保險去綁投資，好比那些投資型保單，因為這樣就失去了純保障的意義，保戶腦中想得盡是如何賺取高獲益的保單。

現在社會人人都懂得求自保，如果你對保險這塊依然深深不解，也歡迎你們與我交流，保險對我來說，就是理財的基本呀！還記得某年秋天，我家人騎車行經巷口準備轉彎時，被對向來車撞到，出車禍後送進醫院，醫生診療前第一句話竟然是問：「請問有沒有買保險？」

我當下完全愣住了，醫生怎麼會問我們有沒有買保險呢？應該要先看傷患的狀況才對呀！之後我才漸漸明白，原來這些考量才是最實際的，當我們住院時，每天都在燒錢，而且我們若想用較好的藥物或醫療器材，這些都必須自費，所以醫生才會問這個問題，因為這樣他才知道如何給予我們建議。

常理下，病患其實都不想成為家人的負擔或累贅，也不好意思開口跟朋友借錢，如果對方願意借你，反而要感激他，因為幫助是有限的，無論是家人、親戚還是朋友，總不可能一直向他們索取吧？所以，真正能給予實質幫助的，無非就是保險理賠金了，若能花點小錢替自己的未來買點保障，不造成家人負擔，這樣的擔當是不是也算一種對家庭的責任呢？

4 養成理財習慣，積沙成塔

那究竟到底是要先投資？還是先理財呢？筆者個人覺得，在還沒有存夠足夠的資本去投資前，應當先養成良好的儲蓄習慣，更要把錢投資在自己身上，有了富腦袋，才會有富人的作為，不然思維沒改變，整天想得依然是一樣的模式，一年後的你跟今天的你不會有什麼差別，唯一的差別可能是你又老了一歲，所以投資理財要從觀念出發。

窮人抱怨上天不公，上天給予金礦

某天，窮人仰頭咆哮，向上帝表達心中的不滿與不公平，埋怨著為什麼富人那麼有錢，自己卻活得如此卑微、潦倒一生，如果人生能從頭來過，我想富人也不會再是富人！窮人的怨言上帝全聽見了，並允諾了他的請求，將富人的錢財全數歸零，把他變得跟窮人一樣窮困、潦倒，兩人站在同一起跑線上。

上帝說：「我賜予你們兩人各一座金礦山，你們可以把挖來的金礦拿到市場變賣，這樣應該夠公平了吧？今後就看你們各自的造化了。」說完便消失了。

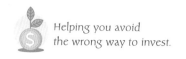

此時窮人開心極了，因為他之前就是幹粗活的，力大無窮的他，挖起礦來特別得心應手，反觀那位富人，平時就沒做什麼粗活，挖沒多久就累得喘吁吁，一整天下來，窮人開採了許多金礦，賺到不少錢，還買了很多好料要犒賞自己一天的辛勞，現在的他，覺得人生實在太棒了！

隔天早上，窮人發現富人沒到礦山採礦，之前就相當憎恨富人的他心想：「哈哈！才採了一天就怕了吧！」在心中暗諷富人，晚上一樣買了一堆好料慰勞自己。

第三天，窮人看到富人帶著兩位粗壯的工人到礦山，原來富人昨天之所以沒有來，是去市場聘請兩位工人來幫他工作。接下來的第四、第五天，富人一樣把採礦賺來的金錢，拿去聘雇更多的工人來挖礦，他只要在旁邊做監督的工作就好，很快又回到以往那擁有無盡財富的生活。

而窮人依然靠著自己的勞力辛苦採礦，用一樣的思維，過著跟以往一樣的生活，久而久之也疲憊不勘，只要覺得累、不挖礦，收入就中斷了。即便上帝給予窮人機會，讓兩者的起跑線是一致的，但只要思維不改變，你的人生也不會改變。

▲窮人抱怨上天不公，上天給予金礦的故事。

保羅村莊取水建水管

這個故事源自於一個小農莊，村裡住著兩名有為青年，分別叫「比魯士」和「賽羅」，他們兩個人對未來充滿著熱情與抱負，天天都期許自己的人生能有所成就。

某天，他們的機會來了，村長希望兩位年輕人能到山的那頭取水，以解決村子民生用水的不足，依照個人提回來的桶數來計算酬勞，也就是說，你跑越多趟，提回來的水越多就能賺到更多的錢，以桶數計價相當公平。

於是，他們倆人就天天替村民們提取乾淨的水。工作幾天下來，兩人的工作模式相當固定，白天積極提水，晚上提完身體相當疲累，早早便回家休息了，比魯士相當滿意目前的生活狀態，覺得自己很快就會變成有錢人，再過一些時日就有錢買乳牛，甚至是買房子了。

但另一位年輕人賽羅卻不是這麼想的，他每天提水回村莊，搞得全身腰酸背痛，必須想個更省力的方法才行，所以他打算建造水管，直接將山泉水引到村莊裡，這樣村裡的人只要打開水龍頭，就有源源不絕的水可以喝了，一勞永逸。

賽羅將他的構想告訴比魯士，但比魯士聽到覺得他簡直是瘋了，這樣會影響到他賺錢的速度，當場便拒絕賽羅的提議，被拒絕的賽羅只好摸摸鼻子，自己去構想水道。而比魯士還去買了更大的水桶，以裝取更多的水，並增加往返的次數，試圖把收入再提高。

賽羅也一樣每天會去提水回村莊，但不如比魯士這般積極，閒暇時間都在規劃那看似異想天開的水管。一段時間很快過去了，大家開始在笑賽羅是個傻瓜，反觀他的好友比魯士，他已經擁有不錯的收入，不僅買了乳牛，還換了更大間的房子，周末也會到餐館大口喝酒吃肉犒賞自己，過著他夢寐以求的生活。

就這樣，一年又過去了，因為提水的工作量很大，他的身體開始向他抗議，體力已不堪負荷，也開始慢慢駝背，精神大不如前，致使他每日的提水量漸漸減少，不再像之前那般好賺了。那賽羅呢？在他的努力下，水管終於搭建完成，順利完成他的目標及理想，不用再天天提水換錢，現在村民只要打開水龍頭就有水可以用，無論賽羅人在哪裡，吃飯、睡覺也好，這條水管都能替他賺到源源不絕的收入。

我們可以發現，比魯士就像我們一般人一樣，只想賺取更多的薪水報酬，靠加班、找兼差來做，或是換個收入比較高的工作，這些都能讓我們原先的生活過得更好，但卻不是最好的辦法，最好且最無後顧之憂的辦法，還是要替自己創造被動性收入，若僅靠勞力來賺取報酬，哪天生病或發生意外殘疾時，都有可能使我們的收入減少甚至歸零，而且當我們日漸年邁，又要怎麼靠勞力去賺錢呢？

▲創造被動收入。

物以類聚，人與群分

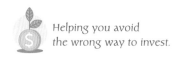

有句話是這麼說的，你窮得不是口袋，而是你的腦袋，我們往往都只懂得追求口袋裡的錢財，這太過於短視近利，只要口袋有錢，又會馬上不小心流掉，守不住錢財，所以筆者個人會建議你可以多加學習，注意那些有錢人平常都在做些什麼，先從改變自己思維那刻做起。

常說下班後的時間才是你人生的關鍵，你下班後是待在家裡追劇或打打電玩，還是選擇去上課精進自己？完全看你想把自己定位在何處。所謂現在的你，其實就是去年的你努力多少的寫照，假設你覺得自己沒有什麼明顯的改變，或是不滿意現狀，感覺自己依然停留在原地、沒有進步，那你是否應該檢討一下，去年的你到底做了些什麼努力？是否有試圖去改變過什麼呢？

假如你始終覺得自己一事無成，那你可能要想想自己的生活圈有些什麼人？是否能在他們身上得到或學到什麼？試著改變生活圈，若你想變成什麼樣的人，就要多跟已經達成那些目標的人相處，俗話說物以類聚，酒肉朋友混久了，你也不知不覺深陷其中，習慣這種生活模式，很難重拾上進的心。

若你是一名老師，那時常在身旁交流的人一定也是老師；若你是演員，那跟你一起工作的夥伴定也是演員，不是嗎？那些成功的企業家總會跟同業的老闆們定期聚會，或刻意出席一些商業酒會，認識不同產業的大老闆們，從聊天中去了解目前市場的動向為何，再套用在自家公司上，做出相對應的調整。

好比你想變成有錢人，開公司做大老闆，你會選擇去請教天橋下的街友嗎？想成為廚師的人，也不會笨到去找位裝潢師傅來教他如何做料理，我們第一個念頭一定是找到這方面的專家或權威。

好，現在拉回理財正題上，我們除了不斷充實頭腦裡的理財知識外，最重要的還有檢視自己的財務狀況，千萬不要每天汲汲營營的努力賺錢，卻發現水庫裡的水怎麼都填不滿，更糟糕的是水位還永遠拉緊報，時時擔心水庫乾涸。

所以，在統整自己的財務狀況時，要最先把那種高利貸款之類的項目解決掉，像我們身體健康出狀況，發現有腫瘤，醫生一定會建議先把這惡性腫瘤摘除，才能進行後續的療程，而高利貸款絕對是壓垮你人生的罪魁禍首，賺到的錢全都花在上面了。

不知道你是否有想過，假設我們去借錢，每個月要付 1 萬元利息錢好了，那如果我們不需要有這筆支出，每月不就多出 1 萬元可以使用嗎？這是不是也算一種投資獲利呢？之後再規劃後續的開源節流，增加財庫水位。

坐吃山空，債務性貸款

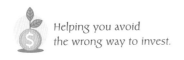

債務絕對是拖累我們邁向財富自由的絆腳石，想想自己每個月賺到的錢，都要拿部份薪水去繳納這些高額的利息，不覺得很虧嗎？當你欠下當鋪或高利貸等高額利息時，這些利息錢可能就是你一直沒辦法翻身的主要原因。

在投資理財上，先理好財再談投資，這跟蓋房子一樣，假如你連地基都打不好，一棟房子沒有穩固的地基，那地震來臨時，便是考驗的開始，你辛苦蓋得大樓可能因此崩毀，之前投入的所有努力將完全化整為零。下面跟讀者們分享一個實際的案例。

筆者有位朋友很會賺錢，但還是時常因為周轉不靈必須向銀行、當鋪借貸，原本很自滿的他以為每個月還 1 萬塊就好，從不在意這些開銷，反正也都還能應付。但沒想到他每次有資金急用、困難時，都會直接去找借貸，無所不用其極，你能想到的車貸、信貸、當鋪、預借現金，甚至是私人放款，只要能借到錢，他都會去嘗試、相當積極，但他卻把還錢這件事消極化了。

就這樣一年過去了，他開始思考自己怎麼都沒有存到半毛錢？一個月收入至少有 8 萬，其中卻有 5 萬必須拿來還錢，這是不是太誇張了呢，連我都替他這 5 萬元的利息錢感到心疼，如果不用付這些錢出去，等於每月都有 5 萬可以使用呀，更何況一年下來的利息錢就要 60 萬元！

幫他理完財後，他才恍然大悟自己的錢到底都花在哪裡，所以「止血」絕對是你的首要任務，千萬不要等雪球滾大，那就真的要跑路了，而且這 5 萬的利息錢還是可負擔的情況下，倘若超過收入，你反而變成債臺高築。

人們窮其一生想追求財富，只曉得追求高報酬、高收益，卻對這些債務私毫不關心。金錢猶如一把雙面刃，不是讓你成功財富自由，要不就是讓你一生都在償還債務，假設你的利率是月付 20%，那一年就是 240% 了！

以 10 萬來計算，你光一年就要還掉 24 萬利息，而且這還只是利息錢，你賺的錢都用來還債就好啦！當然，我們一生不可能只借貸 10 萬，可能是 50 萬、100 萬等，那如果是 100 萬呢？你真的有能力月收入 20 多萬，來還這些錢嗎？

財富自由是我不用工作，時間一到資金就進帳，每天悠悠哉哉的不必煩惱什麼，一下子一個月就過去，然後又領錢，無憂無慮，負債也是同樣的道理，一個月很快又到了，但你是收錢還是要繳錢呢？一般要繳錢的人，都會希望時間過得慢些，他們整天都在煩惱要去哪生錢，我想這壓力不是一般人可以承受的吧！

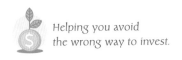

所以，我們反過來想想，假設先還掉 240% 的利息，是不是等於你多賺了這 240% 呢？哇！去哪找這 240% 的投資報酬率呀？但切記，我指的是那些壓榨性的負債，如果是一般的車貸、房貸、信貸，我還不會迫切地要快點清償，畢竟那些貸款的利率都較為合理，如果你的房貸是 2%，找到好的投資標的是回報率 5%，那我會祝福你！

但也不是說債務就不好，那些大老闆誰沒有貸款過？用貸款的錢來投資呢？只是他們都明白，貸出來的錢要能創造出比利息更多的錢！就像上述例子一樣，如果貸款利息是 2%，但投資能賺 10%，這樣的套利模式，反而是成就自己邁向財富的通道，更何況我們對自己的事業有絕對的信心，能創造更高、更多的收益不是嗎？

運籌帷幄，開源節流

解決完龐大的債務後，便可以專心理財了，畢竟如果沒有除掉那顆毒瘤，我們基本上還是存不到錢的，當這顆毒瘤擴散開來時，可能你一個月賺的錢都還不夠付利息，所以我才主張先止血，如果沒辦法一次還清，那就拉低利息的貸款錢，來繳那些高利貸的負債，先將 240% 降至 10% 左右再說，讓每個月要繳的 24 萬利息錢降至 1 萬，這樣是不是又覺得人生充滿了希望呢？

再來就是理財中的開源節流，我們要養成每日記帳的好習慣，然後先從節流開始做起，畢竟省下來的錢才是你的實賺。為何要先學會每日記帳的好習慣呢？這是為了讓你清楚地知道日常開銷到底都花到哪去了？記帳的好處就是提醒自己，錢要花在刀口上，不要造成不必要的資金支出，時刻檢視自己的開銷明細，相信你會有驚人的發現和收穫。

平常可能逛街或網路上一時興起便買了某樣東西，但冷靜思考後，發現可能根本就是用不到的東西，又或是百貨周年慶時，會因為折扣下殺，覺得買到賺到，結果買回去根本用不到，這真的是個無形的漩渦呀。

其實你根本不是賺到，而是大力的血拼，被這些折扣弄暈了方向，原本計畫只花 1 萬，卻不小心貪小便宜買了 5 萬，所以你是不是真的要好好記帳一下呢？好好檢討一下自己究竟是為什麼總存不到錢，王永慶曾說：「賺一塊錢不是自己的，存下一塊錢才是你自己的。」是不是很有道理呢？

再來是編列預算，記帳只是初步，是為了知道自己的錢有沒有亂花掉，治標不能治本，你必須將每月食衣住行育樂的預算先編列出來，設定一個月只能花多少錢，以不超過預設為目標，才能真正達到節流，確實產生效果。

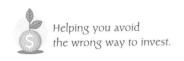

編列預算能準確地控制出水量，將收入減掉花費後還有盈餘，有效控制水龍頭的出水量大小，才不會每日記帳，但每月花費還是一樣無法克制。我們還必須先克制自己的欲望，才能真正的節流，把收入減掉儲蓄後才是編列的預算支出，當預算有限時，才不會因為一時的衝動就花掉了，每次準備要掏錢時，先想想這是一定要的嗎？一定要現在買嗎？不買是不是也沒關係呢？

無形的被動支出

聽到這名詞很訝異吧？平常聽到的應該都是被動收入，怎麼現在又多個被動支出呢？其實這對你我來說一點也不陌生，而且還經常發生，只是大多是在不知不覺間花費的開銷，好比百貨公司的周年慶……

周年慶檔期用信用卡刷了 5、6 萬，因為百貨公司接受刷卡分期，若以 12 期來計算，一個月只要繳 5,000 多元，感覺不痛不癢，所以下星期又繼續刷，且一樣都以分期的方式付款，等收到信用卡帳單，才發現每月要支付的金額高達 3、4 萬元，每月要繳的錢遠高於月收，當初預支消費換來的享受，反倒讓你變成無力償還的卡奴，真是欲哭無淚。

好，討論完節流後，接下來就要思考如何開源了。若將流比喻為充血防禦，那開源就好比主動攻擊，就像玩電玩遊戲一樣，角色具備基本的防禦力後，就要增強攻擊力，才能闖關打魔王。因此，我們要想辦法增加每月收入，收入不斷提高，強化我們儲蓄的力道，讓資金、收入持續流入水庫中，積極擴充水庫噸位，使財富自由更快到來。

那實際該怎麼做呢？其實很簡單，財富自由的關鍵為何？只要我們的儲蓄水位越滾越大，再搭配外面的投資商品，持續幾年下來，每月的利息將比薪水更高，諸如保險、房租、稅金……及生活雜支，全部都可以由被動收入買單，所有生活開銷等同於免費！

當然，增加收入的方法有很多，好比現在流行的「斜槓」，一個人能同時擁有好幾種身分，少說都可以從事兩份以上的工作，下班後可以兼職賺零用錢，像是最近很熱門的 Uber eat 或熊貓外送，筆者聽身邊有從事的朋友聊起，一個月能賺到 5 ～ 6 萬的收入，相當可觀呀！雖然專門在跑單的外送員單月收可達到 10 萬多元，但這樣的額外收入已經非常不錯了。除外送，也有人發揮自身專長，找份靜態的兼職工作，家教或是補習班老師……等，都是增加收入的方法之一，看怎樣較好配合自己的時間。

但筆者認為，最好的投資、最好的開源，莫過於充實自己的大腦，即便我們真的成功斜槓了，也只是在販售我們的人生時間，哪天不小心生病或發生意外，屆時收入一樣歸零，所以我覺得最好的辦法還是投資。

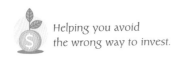

將辛苦用勞力賺來的錢，不斷投入至能增加資產的項目上，長期下來也不用再做那麼多份工作了，如同本章一開始所說的，我們窮的其實不是口袋深度，而是我們腦中的知識，唯有不斷學習，我們才能悟出屬於自己的財富人生。

所謂「學習能改變一個人的思維」，有了思維後，你就會去做自己想做的事情，而你從事的這些事，最後都會改變現狀，使你成為自己想變成的那個人。

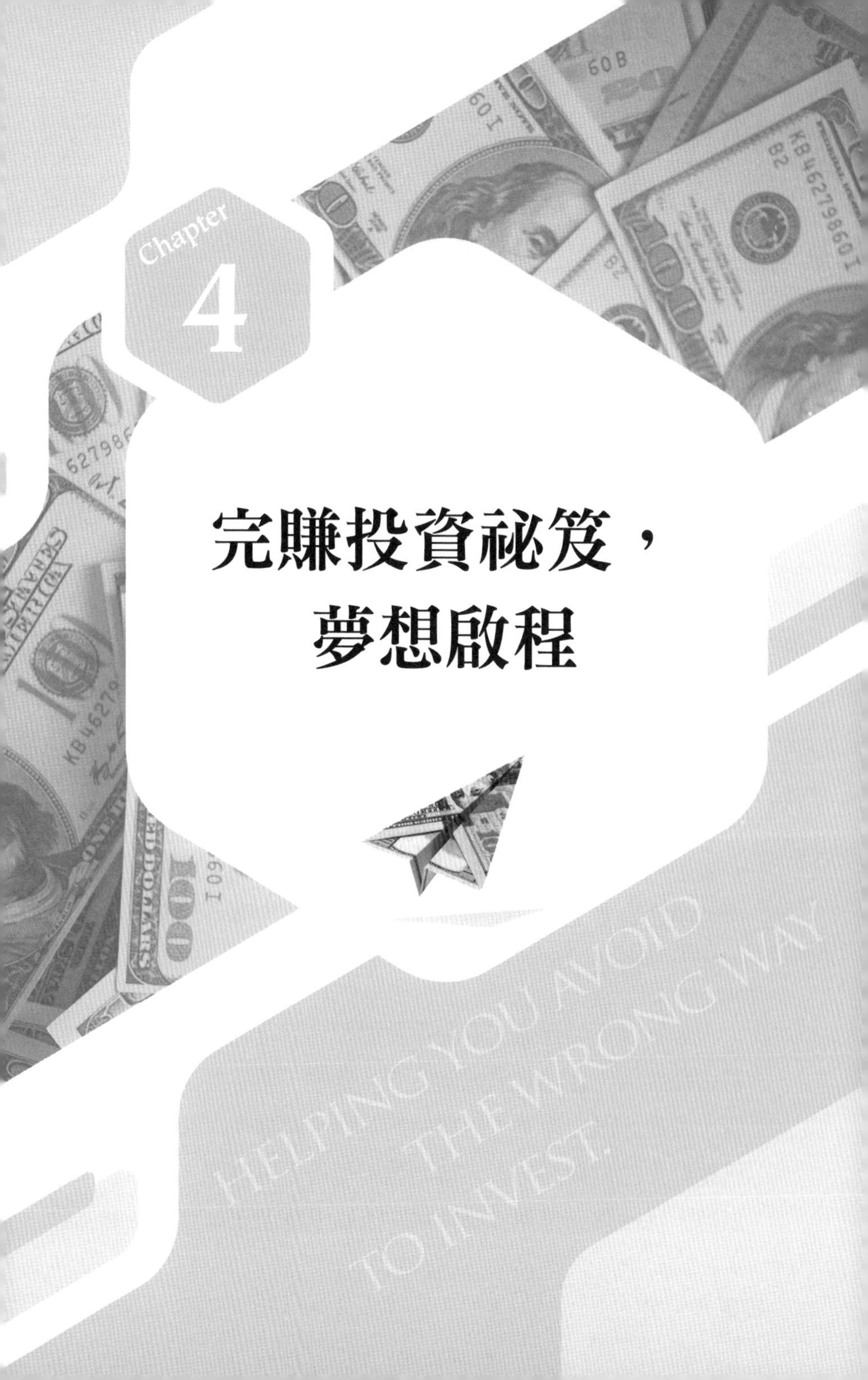

Chapter 4

完賺投資祕笈，夢想啟程

1 一夜致富純屬空想

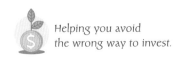

相信每個人都曾幻想過自己變成有錢人，雖然錢不是萬能，但沒有錢真的是萬萬不能呀！有句話說貧賤夫妻百事哀，代表生活中的柴米油鹽醬醋茶，樣樣都要用到錢，一個家庭的生計倘若出了問題，即便感情再好也會常常吵架。

我們因而會認為通往財富最快的方法，莫過於找到好的投資標的，賺取高額的利潤，使自己提早享受人生，但追求高報酬那刻起，我們被貪和快迷失了方向，到底什麼是投資？什麼又是投機？我們早已分不清楚，只妄想著能在一夕間致富。這時騙子們就會抓住投資者想致富的心態，搭配一套動人的故事來誘使投資者上鉤，講得天花亂墜，讓聽者神昏顛倒，喪失判斷能力，害死一堆散戶。

但好像不曾聽過光靠儲蓄就能帶來財富的？過往好像沒有過這種案例，在我們熟知的有錢人當中，似乎各個都是藉由投資，或剛好跟上趨勢才變有錢的，而且像醫生、律師、企業家這些社會地位較高的人，他們也都懂得「人兩腳，錢四腳」的道理，拼命想跨足到投資領域，所以千萬別認為存錢就能為你帶來無止盡的財富，什麼都不做是得不到錢財的！

我們接著來探討投資的 Q&A，請問……

比特幣是詐騙嗎？

投資房地產是詐騙嗎？

投資黃金是詐騙嗎？

投資市場有太多風險和騙局，巴菲特曾說投資有兩條宗旨。

- **第一條就是不要賠錢。**
- **第二條是請記住你的第一條原則。**

故我們要先搞清楚投資風險有多重要，只要減少那些被騙走或賠掉的錢，懂得避開風險把錢存留下來，不就是多賺下來的了嗎？

1 比特幣是詐騙嗎？

我想提到比特幣，大家一定都說那個風險很大吧？而且騙人的案例一堆，我才不敢投資呢！也是，市場上騙子們都喜歡搭上最熱門的商品，以魚目混珠的方式來拐騙投資人上當，比特幣也因而成為近年騙局的話題。

因為這東西很新，一般的投資者並沒有完整的資訊，騙子便含糊地介紹一個投資的模式，謊稱屆時會以高額做為回報！實質上是騙取我們的錢，因為資訊的落差，導致投資者們也不太懂，認為只要能賺錢就好，讓騙子有機可趁，假借比特幣跟區塊鏈的名義，到底是在圈錢。

例如你投資我們平台，便回饋比特幣給你，然後加以分析比特幣在市場的新聞與行情，讓你覺得投資該商品很有未來性，但清楚這行的朋友一看就知其中蹊蹺，這平台給的根本就不是比特幣，而是他們自己發行的代幣。

就這樣把投資者當作白癡，等我們發現自己上當後，也搞不清楚當時買的到底是什麼虛擬貨幣，老虎老鼠傻傻分不清楚，只能說自己當初買的就是比特幣，被比特幣給騙了……這下比特幣該有多冤枉呢？但真正呼攏你的人是那些騙子呀。

2 投資房地產是詐騙嗎？

一個好的投資商機，往往都是敗在人為的貪財，白的都能洗成黑的，房地產是一個真真實實的東西，比起虛擬商品，它看得到且摸得到，再怎麼虧錢好了，我還是能留著自己住呀！而且房地產是一個國家 GDP 的成長要素，就算各國景氣再不好，依然會不斷地蓋房子。

這時不肖商人便開始善用他們的聰明才智了，把這項房產投資說得有多厲害、多值錢，塑造一個動人的願景，讓投資者信以為真，不斷進行造山運動，四處開辦說明會，只要加入置產行列，未來絕對能獲利翻倍。但之後卻什麼建案都沒看到，或建案從一開始就是騙局，只是用來混淆是非的投資名目，不肖商人賺夠錢又跑路走人了，而投資者們再次成為冤大頭，再一次被當做韭菜割。

市場常聽到的「韭菜」一詞究竟是什麼？韭菜是生命力極強的植物，當我們把韭菜割掉後，它很快又會再長出來，感覺怎麼割都割不完，所以現在被引申在這貪婪的投機市場，參與的投資者擁有超強的毅力，當我們被騙走了錢，很快就會忘得一乾二淨，有新的投資機會出現時，完全不做評估，又一頭熱地投入，相信自己一定可以把之前被輸掉的錢再賺回來，週而復始，不斷重來。而且市場還會不斷出現對這行業完全沒經驗的新韭菜，看見高額獲利就進場投資，這些投資者正好成了不肖商人待宰的肥羊。

3 投資黃金不是詐騙嗎？

有人說他投資黃金也能血本無歸，其實這些套路都是同一種手法，只是這次的商品改成黃金罷了，哪裡有炒作熱點，騙子就會往哪鑽，他們只要把名目改成當下最火紅的商品就好，反正投資者們一心想要致富不是嗎？正好抓住這種心理，而且散戶們也什麼都不懂，就像一張白紙，一心想著什麼都不做，就能像郭台銘一樣有錢。

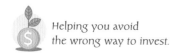

只能說各個商品投資都是真的，但我們卻被那些動人的故事騙了，我們不是投資商品，而是把錢拿給這些投資平台，由他們替我們賺取高額的利潤，把錢給這投資平台代操，不料他們收完代操費後，卻沒有實際拿去投資，等錢吸飽、賺飽了，就人去樓空，一夜之間消失。

2 外匯掏金術的掏金攻略

物價漲漲漲，薪水卻像過了發育期的身高一樣，怎麼都不會成長！想跟老闆要求加薪，卻害羞得不知如何開口；想要兼差，卻發現時間無法配合。如果你想過上更好的生活，有勇於跳脫舒適圈的勇氣，充滿賺錢的動力，那筆者建議你可以研究外匯投資，透過槓桿的神奇魔力，有效地使用你的錢，像華爾街的金融大鱷喬治・索羅斯，便曾在外匯市場賺取超過 10 億美元的報酬！現在就讓我們來看看，外匯市場到底有什麼魔力吧！

首先，你要知道外匯市場是什麼，簡單來說就是貨幣的買賣，你用新台幣兌換日幣就是一種外匯交易，而一般常見的外匯交易包含……

- **旅遊換匯。**
- **進出口貿易。**
- **外幣投資。**
- **貨幣避險。**
- **利差交易。**

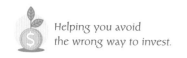

旅遊換匯是大家最常接觸的外匯交易類型，而除了旅遊換匯外，交易員要利用外匯市場來賺錢，則是選擇外匯期貨或保證金交易這兩種，也是本章想跟各位討論的重點。

而且筆者認為外匯市場超適合白天有正職工作，下班後想賺外快的人，特色如下。

- **流動性充足。**
- **彈性的交易時間。**
- **可做多或做空。**
- **現貨交易或使用槓桿交易都可。**
- **不用擔心內線交易。**

根據路透社報導，全球外匯市場每天的成交金額平均高達 1.8 兆美元，相當於一天有 50 兆台幣以上的成交量，外匯市場可說是全世界流動性最棒的交易市場之一，除流動性外，外匯市場的交易時間幾乎是 24 小時，身處亞洲時區的我們，可以利用晚上下班 8、9 點的時候，加入這個市場，賺賺外快！

不像台灣股票市場只交易到下午一點半，而且還是上班時間，想偷看個股票還要擔心被老闆發現，而且台灣時間晚上 8、9 點，剛好是美國的早上，正是外匯市場最活絡的時候，完全不用擔心和上班時間起衝突，這麼優質的賺錢之道怎麼能錯過，對吧？

想學習的讀者們，只要掃描右方 QR code 即可免費學外匯，提供逾 20 支免費影音檔，讓你快速學習外匯知識！

真的完全免費！真的完全免費！真的完全免費！（很重要所以要說三次）不要猶豫了，快拿起手機掃描，或臉書搜尋「外匯實驗室」粉絲頁，只要你有臉書帳號，即可觀看免費影片，還不用留下任何個人資料跟註冊，趕緊在線上跟筆者交流吧！

最壞的時代，抑是最好的時代

在資訊爆炸的世代裡，學會如何分辨訊息，是每個現代人必須具備的技能，正確的訊息只有那些懂得明辨真理的人能找尋得到，財富亦是如此。

從筆者自己過去到現在的組織行銷經歷裡，領悟到一個身為創業者該有的特質，就是不論商業模式如何變化，唯有不斷留意市場上的趨勢，並保持紀律與主動進攻的贏家思維，才有機會在組織行銷的浪潮中，建立自己的財富管道。打造多重收

入是零工經濟趨勢中，我們應該要努力的方向，找到一個對的工具，絕對是最重要的成功因子。

在現今人手一支智慧型手機的時代，未來的市場會鎖定在移動購物的商機中，這也是我創辦「東森新連鎖」的原因，東森架構了新型態的組織行銷專案，結合了空中商城與實體消費，只要透過分享連結的模式，就能在網路創造屬於自己的被動收入。

此外，東森商機模式中，還能引薦創業者加盟，看準移動購物與代理品牌的趨勢，創造全球國際連線的連鎖系統，世界各地的任何一筆訂單，我們都將獲得獎金回饋，真正打造且實現斜槓式的財富管道。

過去組織行銷思考的是如何打造自己的通路，但現在的組織行銷思維，更應該專注於如何創造更多的連結點，建立自己的個人品牌，吸引優質的創業者與客戶群合作，甚至建立一個長期的信任關係。

組織行銷，是所有商業模式當中，最簡單且門檻較低的創業項目，但想在組織行銷的領域致富，能力和紀律絕對是必要的修練方向，其實說穿了，每個人都想致富，卻不是每個人都願意付出致富的代價，而且現實市場中也根本不存在一夜致富的商業項目，所以千萬不要期待一個夢幻的空談，任何創業的成功，都是創業者不斷累積種子，最後淬鍊開花的結果。

雖然看似辛苦，但組織行銷每年依舊創造出許多高收入菁英與優秀領導人，我也始終相信，這應該是世上最幸福的一個職業了，在每個組織階段都有不同的課題，能體悟到不同層次的領悟。

創辦「騎士團隊」至今，每個合作夥伴都是一顆希望的種子，許多人跟著東森，而增加了被動收入的管道，也有許多人開始敢為自己的人生設定夢想的藍圖。

騎士的團隊文化裡，「夥伴與溫度」正是團隊凝聚向上最主要的因素，一起革命的隊友與彼此扶持的情感，是整個團隊所創造出來的氛圍，讓每個創業的夥伴們，深刻感受到家以外的歸屬感。

騎士的團隊使命中，「Just 4 Freedom」協助這世代的人們，透過創業來實現健康、財富、時間、心靈等四種層面的自由；藉著自身開始做起，將善的種子不斷回饋於社會，帶領騎士的夥伴向善、向上提升。

真正讓一個人賺到財富的，還是來自我們對自己渴望實現目標的決心程度，所以在騎士團隊中，「以槍抵心」的信念，貫穿了每個騎士夥伴對自己的承諾，永遠不向夢想以外的次等生活做出妥協。

獲取財富最快的方式，就是不斷的給予。

組織財富＝工具 × 系統 × 團隊 × 能力

只有給予的思維，才能創造好的金錢能量，在東森的商業模式中，每一個人都可以藉由東森的平台工具，實現零成本創業的機會，更與一個對的系統與團隊合作，為自己的人生，奪回屬於自己的掌控權。

3 通往財富自由的關鍵

本書的宗旨強調投資存在著一定的風險性，並非所有投資都是穩賺不賠的，我們要有投資高報酬伴隨高風險的認知。

錯過了這個村，就真的遇不到下間店了嗎？錯過了比特幣，你還想錯過 ×× 幣嗎？投資理財是需要理性，寧可多花點時間思考並做功課，也不要盲目地瞎投資，不要別人討論什麼就一頭熱地跟著走，這樣並不是投資，而是投機。

很多人往往不知道自己其實不是在投資，投資是具有價值的，需要時間累積，而投機只關乎時機性，就像賭博一樣，運來了快狠準，但也可能在一瞬間便把之前獲得的利益全輸掉，甚至是倒賠。投資要完賺，不外乎是分散風險，不要將所有的資金全押在同一個項目上，所以筆者強烈建議你做好自己的財務資產配置。

- **總資產的 50% 需放在較為保守的資產上（例如：儲蓄險、美金）。**
- **總資產的 45% 可以放在較為穩定的資產上（例如：股**

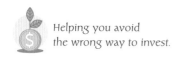

票、房地產）。

✪ **總資產的 5% 可放在報酬較高的項目上（例如：比特幣或投機項目上）。**

當我們聽到很吸引人的項目時，明知道有著血本無歸的高風險，卻還是躍躍欲試，想賺個機會財，這種我就會把它歸類在投機項目裡，這投資金額只會佔我總資產的 5% 左右。

如果真的像說明會講得那麼神奇，投入的錢其實不用太多就可以發大財，所以，千萬別一昧地貪財，不但押了身家，還拉貸款出來一次全上。

有句台語俗諺叫「瘋貪你就鑽雞籠」，小額投資就是在你遇到泡沫或是被倒了，損失時還不會那麼痛，或對你造成太大的影響，因為這投入資金僅佔了總資本額的 5% 而已。

這 5% 對你來說可能還是太高了，每個人能承擔的風險不同，當然在配比上也是因人而異，更保守的人甚至會將投機金額設定的更低，大約佔總資產 3% 左右，還有些人只配置 1% 來投資，完全看個人對風險能承擔的程度決定，但這僅適用於小資金，為什這麼說呢？

如果你設定的投機金額為 5%，假設你的總資產是 100 萬好了，那 5% 就是 5 萬，保守的投資人能承受多少 5 萬的損失？好，又如果今天總資產有 1,000 萬，那就不一樣了，1,000 萬的 5% 是 50 萬，倘若虧損，你損失的便是一台中古車的錢，那恐怕不是一般投資者可接受的範圍，所以真正能承受的範圍，應該是用明確的數字，而不是用百分比來評估。

追求卓越之路

筆者現在正從事金融投資產業，想募集一些有志青年，或是想從事投資理財的朋友與我一同打拼事業，如果你是念商科系的，或者想找跟投資理財領域相關的工作者，都很歡迎你加入我。

這時你心中可能會產生疑問，加入羅德的團隊能得到什麼好康嗎？能一夕致富嗎？還是半年後開名車，一年後住豪宅？

這就問到點上了，筆者的團隊無法讓你一夕致富，四處向人炫富，但我會教你如何按部就班地賺取錢財，如何妥善規劃投資理財，幫自己賺取人生好幾桶金，讓你在投資的路上走得穩妥，不用整天提心吊膽地害怕本金被咬走，筆者的團隊絕對是你練好基礎的安全港。

相信讀者們一定也會好奇，這個團隊有服務哪些項目，能讓我們事先了解，以便考慮嗎？目前提供的服務範疇如下。

- **針對虛擬貨幣做資產配置。**
- **投資理財商品。**
- **保險規劃。**
- **區塊鏈應用。**
- **智能合約。**
- **技術分析。**
- **資源整合（產業結盟）。**
- **師資培訓計畫。**

看到這，相信做一位理財專員必須了解市場上有哪些項目投資，才能讓客戶自己找到適合的理財項目。有些人目前還年輕且單身，在還沒有背負整個家庭責任時比較可以冒險，透過增加風險配重的比例，能為自己帶來更大的收益。

但如果是家庭責任比較重、較不能有太大損失的人，畢竟你是家庭的經濟支柱，我們會建議比較無風險的理財方式，雖然賺得少，但相對保本，當股災來臨時，或最近的中美貿易大戰，還是國際突然出現大賣行情，保守的人至少不會虧到錢。

1 保守型投資者

筆者無法讓你成為郭台銘，成為台灣首富，但尚且能給你安穩的退休生活品質，這種理財配置是專為保守、不敢冒任何風險的人所設計，只靠儲蓄就能賺取穩定的被動性收入，例如貨幣、黃金、房地產，也就是俗稱的保本型。

2 積極成長型投資者

這類的人跟保守型較為反差，他們追求理想的報酬，想要做資產規劃，卻搞不清楚現在熱門的商品，譬如比特幣到底在哪裡買？要如何獲得？光是簡單的交易買賣，就被搞得一頭霧水！你會跑去銀行說要買股票嗎？當然是去證券交易所囉，那要買虛擬貨幣自然是去虛擬貨幣的交易所呀。

看完本書後，如果你覺得自己對投資理財還是不太理解，請放心，我在全球華語魔法講盟有開設如何透過正確的理財方式，來替自己創造被動性收入的課程，只要有好的方法，就能替自己打造自動賺錢機器，猶如印鈔機不斷啟動獲利。

1 魔法投資完賺策略：啟動財富自由的關鍵

這是一套連小資族都能學會的投資必勝絕學！首先教你分辨什麼是資產？什麼是負債？如何透過增加資產，來創造更多的被動收入來源，其實有很多人不了解投資與投機這兩者間的差別，因而無法在市場上真正獲利、賺到錢，課堂上會教你單利及複利的概念，實際運用複利投資再搭配上套利模式，助你成功邁向財富自由之路。

2 虛擬貨幣實戰攻略：投資比特幣的賺錢秘笈

這是一堂教你到交易市場上作戰的投資課程，從註冊電子錢包到交易所買賣，手把手帶你操作，先搞懂各幣種的價值，知道如何分析後，便能了解為何當市場大壞時，依然有人能不斷創造獲利？本課程除了教你看懂技術分析外，更教你在投機市場上做好風險管控，畢竟市場上的騙局滿天飛，投資就是要先以不賠錢為準則，透過本實戰課程，來慢慢累積自己的虛擬貨幣資產。

這兩門課皆會詳細解釋投資與投機的不同，並完整搭配觀念和投資實作，絕對能讓學員找到投資必勝的奧義。有太多的資訊想跟讀者們分享，但一時也彙整不出理財規劃上有什麼常見的問題，因為每個人的需求、問題點都不盡相同。

所以，想找工作者或上投資課程者，抑或是想要筆者協助規劃理財者，都可以掃描右方的 QR code 與我連繫。

掃完條碼加入後，記得先說明自己的理財需求，這樣筆者才清楚你需要什麼協助，此外，因為筆者平時除了寫作外，還會規劃一些商業服務或線上課程，所以回覆時間可能會稍慢一些，但會盡可能在 24 小時內回覆，還望各位海涵。

那說到理財規劃，有沒有懶人包呀？不然根本沒有時間處理呀！別擔心，當然是有的，畢竟筆者就是專為大家不同的需求而存在的呀，另提供我的微信條碼，方便你們與我討論。

掃描後，請直接輸入我要投資懶人包，這是專門設計給只想把錢丟著，數年後就達到財富自由的理財商品，每月只要投資一點，且持之以恆不中斷，更能藉此養成理財的好習慣，10 年過去後，在工作忙碌時突然想起你曾參與過這懶人包計畫，那時的你會發現，懶人包理財商品的每月利息竟等於你 1 個月的收入，這時你不就實現財富自由了嗎？

回想起來時，你一定也會覺得神奇，而且自己好像什麼也沒做，假設你 20 歲就參與懶人計畫，那 30 歲的時候，你就能擁有財富自由了，是不是很棒呢？

有些投資者們可能會說，那也要 10 年阿，太久了！切記，這是懶人投資術，風險自然也是控制到最低，近乎貼平，比起那些主動式的投資法當然會比較慢，卻是想投資但又怕賠錢的忙碌小資族最佳的選擇。

最後，筆者也在這裡祝福大家，希望你在投資領域或生活瑣碎事務上，都能事事順心，克服重重難關。

後記 生活中無所不在的詐騙

這本書的初衷就是希望大家都能藉由投資，來替自己啟動財富自由之路，但日常生活上往往會有一些可能致使我們破財的事件發生，讓自己賺來的錢在無形中倒吐了回去。

因此筆者將這小單元獨立拉出來分享，希望各位讀者們在努力為自己的資產增加同時，也能提防一些社會上的詐財事件，除建構好自己的理財金庫，也要做好保衛，才守得住自己的財。

現在一起來聊聊生活中最常出現的詐騙吧。

1 電話詐騙

相信各位都有接過家人被綁架要求匯款的電話，這手法是早期通訊較不發達時，大家都還在用 2G 手機時常見的詐騙手法，詐騙分子會先用匿名電話打來騷擾你，等你接通後又馬上掛掉，因為詐騙集團要確認你是否有開機或手機有接收到訊號，如果你剛好沒訊號，那你的家人就會變成他們詐騙的對象。

不知道詐騙集團手中的名單個資去哪裡買的，反正他們就是隨機打，當家人接到你被綁架的電話時，會急著與你聯繫，若你手機又剛好沒訊號或關機，家人們真的會恐慌，急忙跑去銀行匯款。

還有一種是健保卡遭盜用，要求匯款至特定帳戶。當詐騙手法人人皆知時，新的詐術就會出現，不得不佩服這些詐騙集團，難道利用詐騙才是最快的賺錢方法？當我們接到健保卡遭人盜領的電話，另一頭會上演一齣戲，首先要讓你聽起來是辦公室的聲音，裝很忙、好像真的在做事一樣，最先跟你聯繫的專員會把電話轉給偵辦的檢調，但這些其實都是套好的局。

騙子們會說因為你可能涉及刑法，為保護你的財產安全，要求代為保管，將你的存款匯到指定帳戶，等偵辦完就會退還給你，沒錯，當你把錢匯出去之後就不會有任何下文了，詐騙集團的電話你怎麼打也打不通，甚至變成空號。

或是要你把網路購物改成分期付款，至 ATM 取消原設定。網路購物盛行後，這詐騙手法一直存在著，詐騙份子會先取得你在網路上購買的商品資料，然後跟你連繫，這樣在確認商品時，才不會有破綻。

ATM 並沒有甚麼設定或取消分期付款的功能，而且現在什麼年代了，網路銀行就可以處理。而詐騙份子這麼做的目的，是要你用 ATM 把錢匯過去給他，或改成英文介面來操作，這樣你就不知道他們在耍什麼花樣了，你的錢就這樣轉到他們的帳戶。

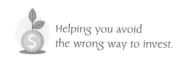

2 網路交友詐騙

有些人會突然成為你的 LINE 好友，跟你聊一下後又帶你到其他交友平台玩，然後慫恿你購買遊戲點數送他禮物。我想他們八成是內部員工，收禮物才能跟你見面，屆時非但見不了面，你的錢還可能被榨乾。

還有些剛加的新好友，聊一下就會開始切入正題，跟你說投資理財的觀念，不然就是跟你講投資獲利多好賺，讓你到該平台註冊並入金，一開始可以小額投入，讓你先賺點小錢，嚐嚐甜頭，並非真心和你做朋友。

但他們也不是做慈善的，之後出的了金才是重點，這類要小心別慘遭血洗，有很多網友謊稱身體不好要開刀，生病、癌症……什麼理由都來，尋求你的幫助只是為了你的錢而已，可是你們見過面嗎？他不去跟熟人借，跑來跟你這不熟的人借，不是很奇怪嗎？

3 實體投資詐騙

這幾年因為比特幣崛起，挖礦產業也紛紛出現，但我們一般不是學電腦的，比起自己組裝挖礦，給挖礦託管業處理是不是妥當些？

就像你不需要很專業，卻可以用加盟的方式投入一樣，跟業者購買礦機，每月支付託管費，等著他們發幣給你，起初可能真的有挖，但行情不好時也跟著跑路了，這類都是一開始會承諾給客戶幾 % 的報酬，但做生意哪有穩賺不賠的呢？

還有一種是坊間的投資教學中心，教大家如何靠股票、期貨……等等來賺錢，當然最近也有開設教你投資虛擬貨幣的教學中心，雖說教學本質並無不對，但老師會跟學員收取代操費，然後同樣承諾給付月獲利幾 % 的保證報酬，起初老師都會給付費會員應有的報酬，但後來收的代操資金多了，一樣捲款潛逃。

密室逃脫創業培訓

Innovation &
Startup SEMINA

體驗創業→見習成功→創想未來

創業的過程中會有很多很多的問題圍繞著你，團隊是一個問題、資金是一個問題、應該做什麼樣的產品是一個問題……，事業的失敗往往不是一個主因造成，而是一連串錯誤和N重困境累加所致，猶如一間密室，要逃脫密室就必須不斷地發現問題、解決問題。

創業導師傳承智慧，拓展創業的視野與深度

由神人級的創業導師——王晴天博士親自主持，以一個月一個主題的博士級 Seminar 研討會形式，透過問題研討與策略練習，帶領學員找出「真正的問題」並解決它，學到公司營運的實戰經驗。

創業智能養成×落地實戰技術育成

有三十多年創業實戰經驗的王博士將從——價值訴求、目標客群、生態利基、行銷&通路、盈利模式、團隊&管理、資本運營、合縱連橫，這八個面向來解析，再加上最夯的「阿米巴」、「反脆弱」……等諸多低風險創業原則，結合歐美日中東盟……等最新的創業趨勢，全方位、無死角地總結、設計出 12 個創業致命關卡密室逃脫術，帶領創業者們挑戰這 12 道主題任務枷鎖，由專業教練手把手帶你解開謎題，突破創業困境。

保證大幅提升您創業成功的機率增大數十倍以上

課日期及詳細課程資訊，請掃描 QR Code 或撥打真人客服專線 02-8245-8318，
上新絲路官網 silkbook.com www.silkbook.com 查詢。

Speak Up, Show Up, and Stand Out
斜槓職涯新趨勢——

超級好講師徵的就是你

最好的斜槓就是當講師

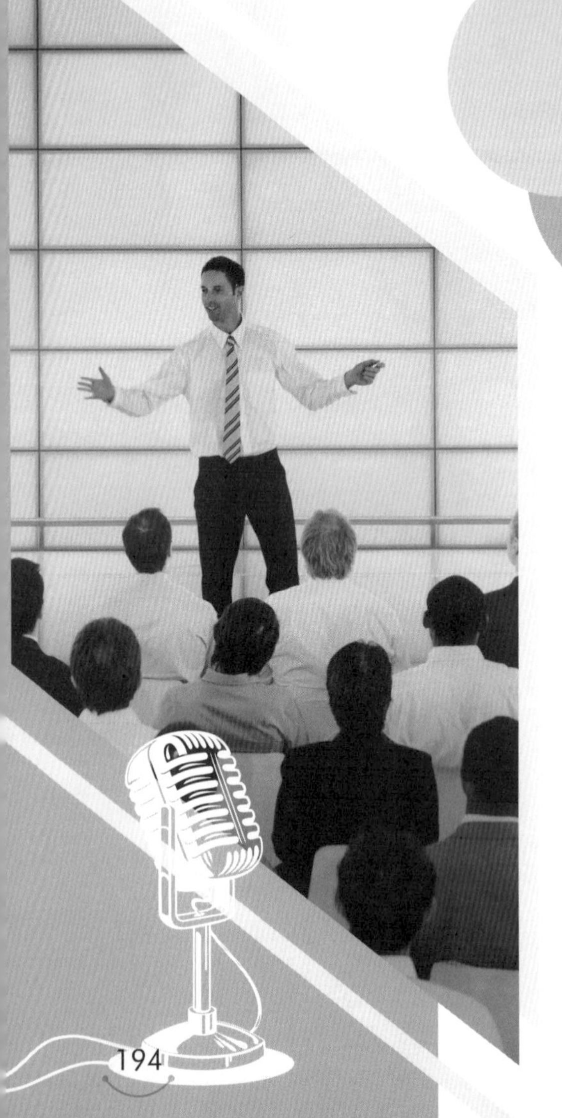

- 你渴望站在台上辯才無礙，為自創造下班後的斜槓收入嗎？
- 你經常代表公司進行一對多教育練，希望能侃侃而談並成交客嗎？
- 你自己經營個人品牌，卻遲遲無跨越站上舞台的心理障礙嗎？
- 你渴望站在台上發光發熱，躍升為眾人矚目、受人景仰的專業講嗎？
- 你想以講師之姿，跨入兩岸多地培訓市場，利用年假賺人民幣並便壯遊嗎？
- 不論您從事任何行業，都應該了海軍式的會議營銷技巧，以講師槓幫助本業！

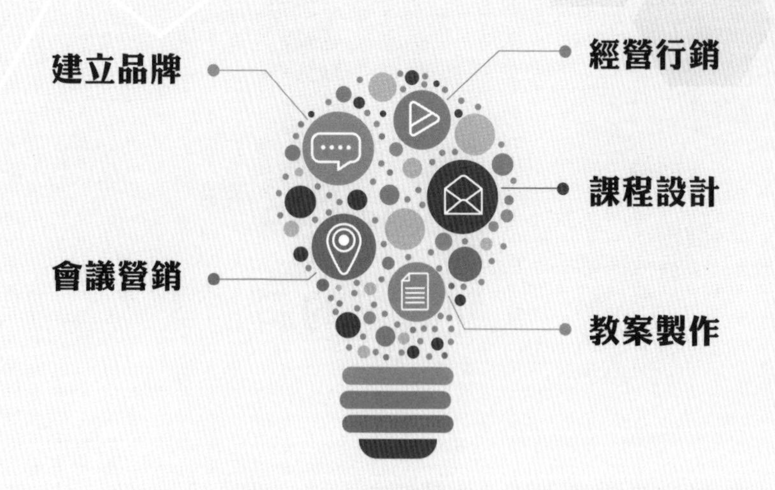

只要你願意，

魔法講盟幫你量身打造成為超級好講師的絕佳模式，

魔法講盟幫你搭建好發揮講師魅力的大小舞台！

只要你願意，

你的人生，就此翻轉改變，你的未來，就此眾人稱羨，

別再懷疑猶豫，趕・快・來・了・解・吧！

課程說明

講師可以手拿麥克風，站上演講台，一邊分享知識、經驗、技巧，還可以荷包賺得滿滿，又能讓人脈源源不絕聚集而來，擴大影響半徑並創造許多合作機會，是很多人嚮往的身分。

世界上最重要的致富關鍵，就是你說服人的速度有多快，說服力累積到極致就會變成影響力，影響力來自於說服力，而最極致的說服力就來自於一對多的演說。

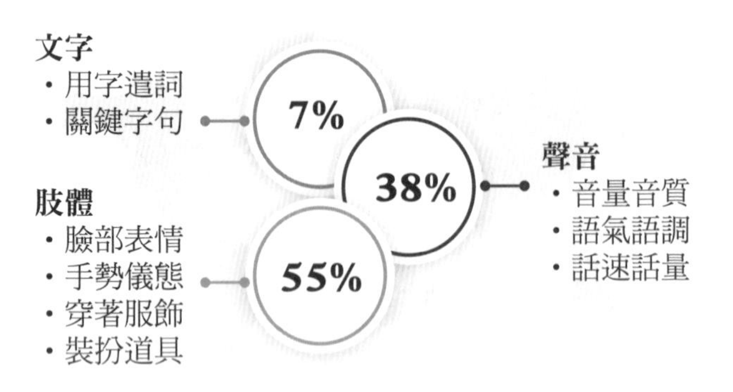

如果您想要當講師，背景能力不限，魔法講盟可以一步步協助您做好所有基本功，經過反覆練習後，找到合適的主題，開創自己的講師舞台，助您建構斜槓新人生！

如果您是公司老闆，企業規模不限，魔法講盟將協助您培養完善的表達力，在員工和客戶面前侃侃而談，更有效地領導員工並成交客戶！

如果您是組織領袖，團隊大小不限，魔法講盟將協助您培養一對多演說的能力，進而建立內部培訓體系，更輕鬆地打造能賺大錢的戰鬥型萬人團隊！

如果您是培訓講師，講師年資不限，魔法講盟可以擴充您的授課半徑，擴大您的演說舞台，讓您不僅能把課講好，還能提高每場課程的現場成交業績！

☑ 我們有銷講公式、hold 住全場的 Methods 與演說精髓之 Tricks，保證讓您可以調動並感染台下的聽眾！

☑ 我們精心研發了克服恐懼與成為講師的 CCA 流程，是培訓界唯一真正正確闡明 73855 法則，並應用 BL 式 PK 幫您蛻變的大師級訓練！

☑ 我們擁有別人沒有的平台與舞台：亞洲八大名師、世界華人八大明師、魔法週二講堂……保證讓您成功上台！

☑ 我們有最前沿的區塊鏈培訓系統，可賦能身處於各領域的您，讓您也能成為國際級區塊鏈講師！更培訓您具備區塊鏈賦能之應用實力。

教案設計　教學方法　課後調整　上台演練　成果發表

- 有效辦好說明會
- 簡報教材的設計
- 演說器材的操作
- 運用故事做行銷
- 會議行銷的技術
- 公眾演說的技巧
- 影響團隊的祕密
- 互動提問的技巧
- 會議服務的系統
- 如何能說還會賣
- 征服舞台的祕密
- 克服演說的恐懼
- 招眾並建構舞台
- 借力招生的魔法

以課導客

現在是個「人人都能發聲」的自媒體時代，企業如果想要生存並突破發展困境，用最少的資源達到最大的收益，就必須要學會一種能力，叫做**以「課」導「客」**！也就是利用課程，來帶動客人上門，這些來上課的學生，要不就是未來的客戶、或能為你轉介紹客戶，要不就是成為你的員工、投資人、供應商、合作伙伴，多個願望均可藉一對多銷講一次達成。

當然，開辦一個有品質的專業課程，吸引潛在顧客自動上門學習，適用於各行各業，例如……

賣樂器的，可以開辦音樂課程；
賣精油的，可以開辦芳香療法的課程；
賣美妝保養品的，可以開辦彩妝課程；
賣衣服的，可以開辦服裝穿搭課程；
賣書的，可以開辦出書出版班課程；
保險業務人員，可以開辦健康理財或退休規畫課程；
不動產仲介人員，可以開辦買房議價或換屋實戰課程；
傳直銷業者，可以開辦健康養生課程或WWDB642之培訓……

企業培養專屬企業講師，創業者將自己訓練成能獨當一面的老師甚至大師，運用教育培訓置入性行銷，透過一對多公眾演說對外行銷品牌形象、提升企業能見度，將產品或服務賣出去，把用戶吸進來，達到不銷而銷的最高境界！

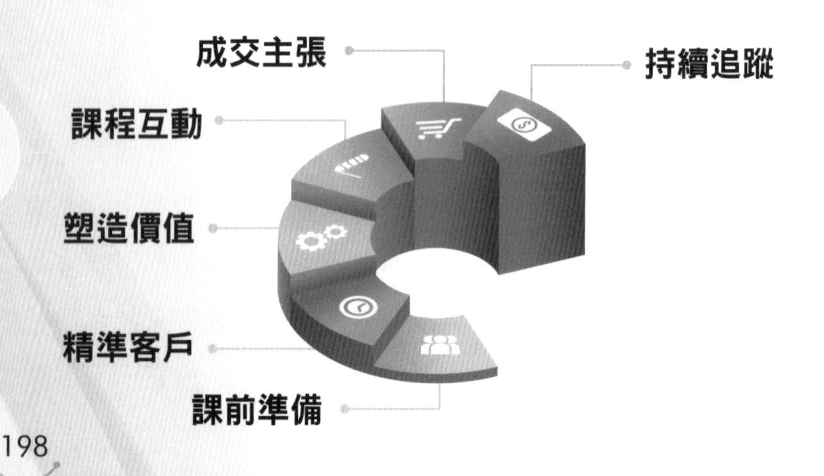

培訓對象

★ 正在經營個人品牌的部落客、KOL、創業家
★ 擁有講師夢的人
★ 已有演講經驗，想要精進技巧的人
★ 沒有演講經驗，想跨出第一步的人
★ 想擁有下班後第二份收入的人
★ 想提升表達技巧者
★ 教育訓練及培訓人員
★ 企業主管與團隊領導人
★ 對學習講師技巧有興趣者
★ 有志往專業講師之路邁進者
★ 本身為講師卻苦無舞台者
★ 不畏懼上台卻不知如何招眾者
★ 想營造個人演說魅力者
★ 想成為企業內部專業講師
★ 想成為自由工作的明星講師
★ 未來青年領袖
★ 想開創斜槓人生者

魔法講盟開辦一系列優質課程，給予優秀人才發光發熱的舞台，週二講堂的小舞台與亞洲八大名師或世界八大明師盛會的大舞台，您可以講述自己的項目或是魔法講盟代理的課程以創造收入，協助超級好講師們將知識變現，生命就此翻轉！

輕鬆自由配

魔法講盟為各位超級好講師提供各種套餐組合，幫助您直接站上舞台，賺取被動收入，完整的實戰訓練＋個別指導諮詢＋終身免費複訓，保證晉級 A 咖中的 A 咖！

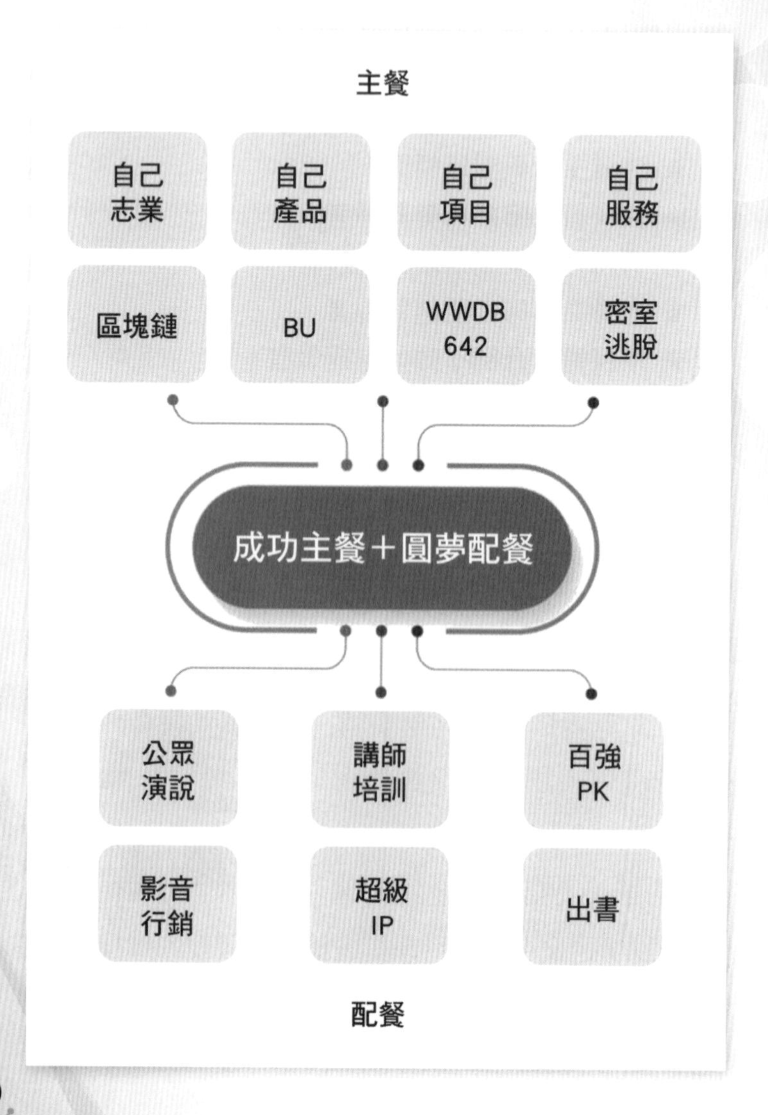

魔法講盟開辦一系列優質課程，給予優秀人才發光發熱的舞台，週二講堂的小舞台與亞洲八大名師或世界八大明師盛會的大舞台，您可以講述自己的項目或是魔法講盟代理的課程以創造收入，協助超級好講師們將知識變現，生命就此翻轉！

自己的志業／產品／服務／項目

區塊鏈授證講師

由國際級專家教練主持，即學．即賺．即領證！一同賺進區塊鏈新紀元！特別對接大陸高層和東盟區塊鏈經濟研究院的院長來台授課，是唯一在台灣上課就可以取得大陸官方認證機構頒發的四張國際授課證照，通行台灣與大陸和東盟 10 ＋ 2 國之認可。課程結束後您會取得大陸工信部、國際區塊鏈認證單位以及魔法講盟國際授課證照，魔法講盟優先與取得證照的老師在大陸合作開課，大幅增強自己的競爭力與大半徑的人脈圈，共同賺取人民幣！

Business&You 授證講師

Business & You 的課程結合全球培訓界三大顯學：激勵．

能力 ‧ 人脈，專業的教練手把手落地實戰教學，啟動您的成功基因。魔法講盟投注巨資代理其華語權之課程，並將全部課程中文化，目前以台灣培訓講師為中心，已向外輻射中國大陸各省，從北京、上海、杭州、重慶、廈門、廣州等地均已陸續開課，未來三年內目標將輻射中國及東南亞 55 個城市。15 Days to Get Everything，BU is Everything ！

WWDB642 授證講師

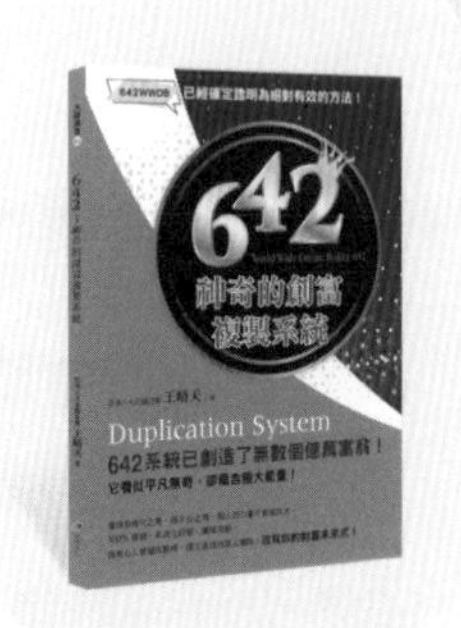

為直銷的成功保證班，當今業界許多優秀的領導人均出自這個系統，完整且嚴格的訓練，擁有一身好本領，從一個人到創造萬人團隊，十倍速倍增收入，財富自由！傳直銷收入最高的高手們都在使用的 WWDB642 已全面中文化，絕對正統！原汁原味 !! 從美國引進，獨家取得授權 !! 未和任何傳直銷機構掛勾，絕對獨立、維持學術中性 !! 結訓後可自行建構組織團隊，或成為 WWDB642 專業講師，至兩岸及東南亞各城市授課，翻轉人生下半場。

密室逃脫創業育成

在台灣，創業一年內就倒閉的機率高達 90%，而存活下來的 10%中又有 90%會在五年內倒閉，也就是說能撐過前五年的創業家只有 1%！然而每年仍有高達七成的人想辭職當老闆！密室逃脫創業秘訓由神人級的創業導師—王晴天博士主持，以一個月一個主題的 Seminar 研討會形式，帶領欲創業者找出「真正的問題」並解決它，人人都有老闆夢，想要創業成功，您非來不可！

公眾演說

好的演說有公式可以套用，就算你是素人，也能站在群眾面前自信滿滿地開口說話。公眾演說讓你有效提升業績，讓個人、公司、品牌和產品快速打開知名度！公眾演說不只是說話，它更是溝通、宣傳、教學和說服。你想知道的「收人、收魂、收錢」演說秘技，盡在公眾演說課程完整呈現！

國際級講師培訓

教您怎麼開口講，更教您如何上台不怯場，保證上台演說＆學會銷講絕學，讓您在短時間抓住演說的成交撇步，透過完整的講師訓練系統培養授課管理能力，系統化課程與實務演練，協助您一步步成為世界級一流講師，讓你完全脫胎換骨成為一名超級演說家，並可成為亞洲或全球八大明師大會的講師，晉級 A 咖中的 A 咖！

兩岸百強講師 PK 賽

禮聘當代大師與培訓界大咖、前輩們共同組成評選小組，依照評選要點遴選出「魔法講盟百強講師」至各地授課培訓。前三名更可站上亞洲八大名師或世界華人八大明師國際舞臺，擁有舞臺發揮和兩岸上台教學的實際收入，展現專業力，擴大影響力，成為能影響別人生命的講師，讓有價值的華文知識散佈更深、更廣。凡是參加 PK 者皆可獲頒「兩岸百強講師」的殊榮，為您的個人頭銜增添無上榮耀。

出一本自己的書

由出版界傳奇締造者王晴天大師、超級暢銷書作家群、知名出版社社長與總編、通路採購聯合主講，陣容保證全國最強，PWPM 出版一條龍的完整培訓，讓您藉由出一本書而名利雙收，掌握最佳獲利斜槓與出版布局，布局人生，保證出書。快速晉升頂尖專業人士，打造權威帝國，從 Nobody 變成 Somebody ！魔法講盟的職志不僅僅是出一本書而已，而且出的書都要是暢銷書才行！保證協助您出版一本暢銷書！不達目標，絕不終止！此之謂結果論是也！

影音行銷

在消費者懶得看文字，偏愛影音的年代，不論你的目標對象是企業或是一般消費者，影音行銷相對於文字更具說服力與渲染力，簡單又簡短的影片行銷手法，立即完勝你的競爭對手。不用專業拍攝裝備，不用複雜影片剪輯技巧，不用燒腦想創意，只要一支手機就能輕鬆搞定千萬流量的影音行銷術，您一定不能錯過。

打造超級 IP

魔法講盟整合業務團隊、行銷團隊、網銷團隊，建構全國最強之文創商品行銷體系，擁有海軍陸戰隊般鋪天蓋地的行銷資源，協助講師拍攝個人宣傳影片、製作課程文宣傳單、廣發 EDM 宣傳招生，為講師量身打造個人超級 IP。

開課資訊

上課地點

新北市中和區中山路二段 366 巷 10 號 3 樓　中和魔法教室

上課時間

（全年課程只收一次場地費 100 元！ CP 值全國最高！）

2020
- □ 2/11(二) ▶ 18:30 ～ 20:30
- □ 3/27(五) ▶ 19:00 ～ 21:30
- □ 4/14(二) ▶ 18:30 ～ 20:30
- □ 4/29(三) ▶ 19:00 ～ 21:30
- □ 5/15(五) ▶ 19:00 ～ 21:30
- □ 5/29(五) ▶ 19:00 ～ 21:30
- □ 6/23(二) ▶ 18:30 ～ 20:30
- □ 7/10(五) ▶ 19:00 ～ 21:30
- □ 9/8(二) ▶ 13:50 ～ 18:00
- □ 9/22(二) ▶ 18:30 ～ 20:30
- □ 11/10(二) ▶ 18:30 ～ 20:30

2021
- □ 1/12(二) ▶ 18:30~20:30
- □ 4/13(二) ▶ 18:30~20:30
- □ 7/13(二) ▶下午一、二堂（第一堂 13:50 ～ 15:50；第二堂 16:00 ～ 18:00）
- □ 10/26(二) ▶ 18:30~20:30

每堂課的講師與主題不同，建議您可以重複來免費學習，
更多課程日期，請上新絲路官網 新·絲·路·網·路·書·店 silkbook com www.silkbook.com
查詢最新消息。

魔法講盟・專業賦能

超級好講師，真的就是你！